Principaux prophètes d'aujourd'hui

Edwin E. Slosson

Writat

Cette édition parue en 2023

ISBN : 9789359250526

Publié par
Writat
email : info@writat.com

Contenu

PRÉFACE

Chaque époque a ses propres prophètes, des hommes qui lui transmettent des messages distinctifs et les présentent sous une forme si efficace qu'ils influencent les courants de la pensée contemporaine. Aucune époque n'a peut-être présenté de théories de la vie et du sens des choses plus diverses que la nôtre, et certainement aucune n'a jamais donné au penseur originel une telle opportunité d'atteindre rapidement un public mondial comme il le peut aujourd'hui grâce au médium. de livres bon marché et d'écoles gratuites.

Ce volume est né de mon propre désir de découvrir ce que disaient certaines personnes qui, j'avais des raisons de croire, méritaient qu'on s'y intéresse. Mais à moins d'être anormalement égoïste, il veut toujours présenter aux autres une connaissance intéressante. C'est donc simplement à titre d'introductions que je souhaiterais que les chapitres suivants soient pris. D'une manière ou d'une autre, ces hommes influencent la pensée de chacun d'entre nous, mais comme nous obtenons généralement leur philosophie de seconde main – ou de troisième, quatrième ou nième main – nous ne parvenons pas à en reconnaître l'origine et sommes susceptibles de mal comprendre son intention. . Les idées qui nous parviennent sous forme fragmentaire, et souvent après de multiples traductions à travers des esprits parfois étrangers ou hostiles, ne sont pas très utiles. Il est toujours plus sécuritaire de boire à la source. J'ai essayé de donner une idée de l'étendue et du caractère de l'œuvre de chacun, afin que le lecteur puisse juger par lui-même s'il lui est avantageux de poursuivre ses connaissances. S'il le fait, il trouvera à la fin du chapitre des instructions sur la marche à suivre.

Nous imaginons que nous pouvons mieux comprendre un homme si nous pouvons voir son visage, voire sa photographie. Il s'agit peut-être d'une superstition, mais si c'est le cas, c'est une superstition qui mérite d'être respectée par celui qui aspire à devenir interprète. Ainsi, au cours de l'été 1910, je suis allé voir les six hommes inclus dans ce premier volume chez eux, non pas dans l'espoir d'obtenir des opinions nouvelles et inédites, non pas dans l'espoir de faire une connaissance personnelle qui me donnerait une idée plus approfondie. dans leurs processus mentaux, mais simplement pour me convaincre qu'ils sont de chair et de sang, au lieu de papier et d'encre. Si je parviens à en convaincre le lecteur, mon objectif sera atteint.

Dans le choix des noms à inclure dans la liste, j'ai été guidé avant tout par l'idée que je devrais être le plus susceptible d'intéresser les autres aux hommes qui m'ont le plus intéressé. Puisque l'objet du livre est de servir d'introduction aux œuvres des auteurs et non de les remplacer, le choix a été limité à ceux qui ont exprimé leurs vues philosophiques sous une forme suffisamment populaire pour être attrayante pour le public. lecteur généraliste. Il fallait sélectionner des représentants de divers types de pensée, et il n'était pas possible de limiter le choix à la profession philosophique, car de nos jours la philosophie s'est échappée de sa salle de classe et déploie souvent plus d'activité à l'extérieur qu'à l'intérieur. J'ai donc inclus des hommes de sciences et de lettres ainsi que des philosophes de la chaire.

Le groupe composé dans ce volume comprend : Maurice Maeterlinck, dramaturge et essayiste, interprète du monde animé et inanimé ; Henri Bergson, du Collège de France, dont la philosophie intuitive a été introduite en Amérique par feu William James ; Henri Poincaré , de l'Académie française, mathématicien et astronome ; Élie Metchnikoff, directeur de l'Institut Pasteur de Paris, auteur d'études de philosophie optimiste ; Wilhelm Ostwald, de l'Université de Leipzig, lauréat du prix Nobel de chimie en 1909, fondateur des *Annales de philosophie naturelle* , *et Ernst Haeckel, de l'Université d'Iéna,* zoologiste chevronné , champion du darwinisme et du monisme, auteur de « L'énigme de l'univers ». ".

La plupart des chapitres de ce volume ont paru dans The *Independent* au cours des trois dernières années dans une série sous le titre général de "Douze prophètes majeurs d'aujourd'hui", qui comprend des articles similaires sur Rudolf Eucken, Bernard Shaw, HG Wells, GK Chesterton, FCS Schiller et John Dewey, et moi-même sommes redevables à ce périodique pour le privilège de publier un livre.

EDWIN E. SLOSSON.
NEW YORK,

1er mars 1914.

CHAPITRE I

MAURICE MATERLINCK

N'oublions pas que nous vivons une époque riche et décisive. Il est probable que nos descendants nous envieront l'aube que nous traversons sans le savoir, tout comme nous envions ceux qui participèrent au siècle de Périclès, aux jours les plus glorieux de la grandeur romaine et à certaines heures de la Renaissance italienne. La poussière splendide qui obscurcit les grands mouvements des hommes brille avec éclat dans la mémoire, mais aveugle ceux qui la soulèvent et la respirent, leur cachant la direction de leur route et, surtout, la pensée, la nécessité ou l'instinct qui les conduit . .— "Le Double Jardin."

Il était sept heures et demie du matin de mon dernier jour possible à Paris, lorsque la femme de chambre apporta sur le plateau de mon chocolat une enveloppe bleue adressée avec l'écriture professionnelle de Maeterlinck ; la note tant attendue et enfin désespérée confirmant l'invitation reçue en Amérique pour lui rendre visite à l'abbaye de Saint- Wandrille , et fixant comme heure cinq heures du soir. Pas de chocolat pour moi ce matin-là. Le concierge et moi avons réfléchi ensemble à un guide des chemins de fer français, plus déroutant que celui de Bullinger, et nous avons décidé qu'un train partait dans cette direction à neuf heures, même si nous ne pouvions distinguer où et quand il faisait des correspondances . A partir de Rouen, il faudrait que je m'en remette à la chance ou aux chemins de fer de l'État : c'est à peu près la même chose.

La gare Saint-Lazare est loin du Quartier Latin quand il faut monter un train, mais le cocher a dit qu'il y arriverait, et il l'a fait. A Rouen, j'ai découvert que dans la journée on pouvait se rendre à Barentin , et de Barentin , un train volontaire et occasionnel se rendait à Saint- Wandrille . Mais en arrivant à Barentin , je constatai que le train ne partait que le lendemain. L'heure du thé approchait et Maeterlinck était à dix-sept milles ! Barentin m'aurait, en d'autres circonstances, intéressé en raison de l'incompatibilité d'humeur entre la ville et son environnement, une population cotonnière et socialiste au milieu d'une communauté agricole ultra-catholique. Mais en me promenant, je ne m'intéressais à rien jusqu'à ce que j'arrive dans un petit atelier de réparation automobile. Ici, j'ai trouvé un jeune homme qui savait où trouver une machine et qui m'a promis de m'amener à Saint- Wandrille à temps pour prendre le thé ou pour crever un pneu.

Ce fut certainement une balade joyeuse, dans un sens du terme et, je suppose, dans deux sens. La route, une route comme on en voit rarement dans ce pays, serpentait autour des collines dominant la vallée où la Seine se frayait un chemin jusqu'à la mer. Les berges étaient inondées par les pluies de juillet, et les peupliers étaient dans l'eau jusqu'aux genoux. Nous avons progressivement laissé derrière nous les élégantes maisons en briques de la nouvelle aristocratie du coton et sommes entrés dans l'âge de pierre plus ancien. Le long de la voie ferrée, comme je le constatais avec regret, les prairies commençaient à pousser les plus nuisibles des mauvaises herbes américaines, de grands panneaux publicitaires, mais nous y échappâmes bientôt et ne voyions autour de nous que l'herbe et les champs à travers la double rangée d'arbres qui bordait la route.

A mesure que nous quittions la ville, mon chauffeur improvisé a amélioré son rythme, et sous l'impulsion de l'accélération, j'ai récité des passages du dithyrambe de Maeterlinck sur "Speed", car il fut le premier à percevoir de la poésie dans l'automobile :

Le rythme s'accélère de plus en plus, les roues délirantes crient de joie. Et d'abord, la route se dirige vers moi, comme une mariée agitant ses paumes, rythmant une mélodie joyeuse. Mais bientôt il s'affole, s'élance et se jette follement sur moi, se précipitant sous la voiture comme un torrent furieux dont l'écume me fouette le visage... Maintenant la route s'enfonce à pic dans l'abîme, et la voiture magique s'élance devant elle. Les arbres, qui pendant tant d'années à évolution lente ont habité sereinement ses bordures, reculent dans la crainte du désastre. Ils semblent se précipiter les uns vers les autres, s'approcher de leurs têtes vertes, et débattre en groupes effrayés sur la manière de barrer le passage à l'étrange apparition. Mais à mesure que cela se précipite, ils prennent panique, se dispersent et s'enfuient, chacun cherchant rapidement sa propre place habituelle ; et à mon passage ils se penchent tumultueusement en avant, et leurs myriades de feuilles, promptes à la joie folle de la force qui chante son hymne, murmurent à mes oreilles le volubile psaume de l'espace, acclamant et saluant l'ennemi jusqu'ici toujours vaincu mais maintenant, enfin, triomphe : la vitesse.

Plus tard, lorsque j'ai rappelé cet essai à Maeterlinck, il a ri de bon cœur et m'a dit qu'il l'avait écrit alors qu'il ne possédait qu'une automobile de trois chevaux, une des premières du genre et absolument peu fiable. Maintenant, il en a un gros ; aussi une moto avec laquelle il fait cinquante milles à l'heure, mais je ne sais pas s'il écrit encore des poèmes en prose sur la moto. Il sera probablement le premier à le faire, à moins que Rostand ou Kipling ne le devancent, comme ils l'ont fait dans l'aviation littéraire : Rostand avec un sonnet sur le biplan et Kipling avec son "Night Mail", dans lequel il invente et enseigne un nouveau vocabulaire technique sans ralentissement. Il n'est pas étonnant que Kipling ait reçu le prix Nobel de littérature idéaliste. Maeterlinck, qui reçut le même prix en 1911, le méritait au même titre, car lui aussi a le droit d'écrire après son nom le grade de MM, Master of Machinery.

A l'aide de la machine, je suis arrivé au petit village de Saint- Wandrille avant même l'heure dite, j'ai donc eu le temps de me rendre dans la vieille église bizarre. C'est un lieu de villégiature privilégié des pèlerins de toute la Normandie et qui ne démérite pas sa réputation, si l'on en juge par les béquilles, cannes et tablettes votives laissées sur place par ceux qui ont été guéris ou bénis. Depuis 684 après J.-C. , lorsque Wandregisilus quitta la cour de France et fonda cette retraite dans la forêt au bord de la Seine, elle est réputée pour ses reliques. Le département de l'ossuaire constitue en effet un bel étalage ; crânes, fémurs, vertèbres et phalanges, le tout disposé sous verre et soigneusement étiqueté, comme dans un musée. J'ai compté trente saints, certains familiers comme saint Thomas d'Aquin, sainte Clotilde, sainte Geneviève et saint Wulfranc . Mais la plupart de ceux représentés par des reliques ou des statues en bois sortaient tout à fait du champ de mon hagiographie : Saint-Pierre. Firmin, Saint-Mien, Saint- Vilmir , Saint-Wilgeforte , Saint- Pantoléon et Saint- Herland .

L'église du village est trop moderne pour intéresser qui que ce soit, sauf un Américain. L'ancienne abbaye, datant en partie du XIIe siècle et appartenant aujourd'hui à Maeterlinck, se trouve de l'autre côté de la route. En sonnant au petit portail voûté dans le mur, on me fit entrer dans le cloître ; cela me paraissait très familier, car j'en avais une photo dans ma chambre à la maison, une photographie montrant trois sorcières au-dessus d'un chaudron, puisqu'elle avait été prise lors de la diffusion ici de la version de "Macbeth" de Maeterlinck. "Le cloître Saint- Wandrille est sans doute l'un des plus magnifiques monuments du genre qui ait échappé au vandalisme des temps récents", dit Langlois dans le gros volume qu'il consacre à son architecture. [1] Jusqu'à récemment, le monastère était aux mains des Bénédictins, mais ils ont été dépossédés par le gouvernement français lors de la séparation de l'Église et de l'État en 1907, et la propriété a été mise en vente. Il était sur le point d'être vendu à un syndicat chimique pour une usine, lorsque Maeterlinck intervint et l'acheta, peut-être plus pour plaire à sa femme qu'à lui-même, car il est indifférent à l'environnement, alors qu'elle se délecte d'une mise en scène artistique, non simplement pour les pièces qu'elle joue, mais pour la vie quotidienne. Pour avoir ainsi sauvé l'abbaye de la profanation commerciale, Maeterlinck reçut une bénédiction sur parchemin du pape, mais son utilisation ultérieure comme théâtre fut tout aussi offensante pour le sentiment catholique.

Il est certain qu'aucun auteur n'a été hébergé de manière plus satisfaisante pour ses admirateurs que Maeterlinck. Il l'avait d'ailleurs imaginé dans ses pièces de jeunesse. C'est une vérification de sa foi qu'un homme crée son propre environnement. La forêt environnante, la vieille maison avec ses longs couloirs, le jardin où apparaissent çà et là les piliers brisés et les arcs du temple enterré parmi les vignes et les fleurs, sont les scènes familières de tous ses drames. Tout ce qui manque, c'est la mer, qui est si souvent dans ses pensées, et quelques grottes et donjons humides et sombres en dessous. Mais Maeterlinck n'a plus besoin aujourd'hui de tels accessoires souterrains, car il a traversé son règne de terreur et est revenu au soleil.

Il est curieux qu'un homme si moderniste d'esprit et qui a fait preuve d'un pouvoir si unique pour idéaliser les détails prosaïques de la vie d'aujourd'hui puisse situer tous ses drames dans le passé historique ou légendaire. Mais il considère toujours le passé comme un poète, et non comme un archéologue, se contentant de donner quelques beaux noms et une suggestion quant à la mise en scène, et laissant à l'imagination du lecteur le soin de faire la menuiserie de la scène. Aussi déterministe qu'il soit, personne, pas même James ou Bergson, n'a été plus audacieux en répudiant le droit du passé à contrôler nos actions :

En réalité, si l'on y réfléchit, le passé nous appartient tout autant que le présent et est bien plus malléable que l'avenir. Comme le présent, et dans une bien plus grande mesure que le futur, son existence est entièrement dans nos pensées, et notre main la contrôle ; cela n'est pas non plus vrai seulement de notre passé matériel, où se trouvent des ruines que nous pouvons peut-être restaurer, mais aussi de ces régions fermées à notre tardif désir d'expiation, et, surtout, de notre passé moral et de ce que nous considérons comme pour y être le plus irréparable.

« Le passé est passé », disons-nous, et ce n'est pas vrai ; le passé est toujours présent. « Nous devons porter le fardeau de notre passé », soupirons-nous ; et ce n'est pas vrai ; le passé porte notre fardeau. « Rien ne peut effacer le passé », et ce n'est pas vrai ; le moindre effort de volonté fait voyager le présent et le futur à travers le passé, pour effacer ce que nous leur demandons d'effacer. "Le passé indestructible, irréparable, immuable !" Et ce n'est pas plus vrai que le reste. Chez celui qui parle ainsi, c'est le présent qui est immuable et ne sait pas se réparer. « Mon passé est méchant, il est triste, vide », répétons-nous encore, « quand je regarde en arrière , je ne vois aucun moment de beauté, ni de bonheur, ni d'amour ; je ne vois que de misérables ruines... » Et ce n'est pas le cas. c'est vrai, car vous voyez précisément ce que vous y placez vous-même au moment où vos yeux se posent dessus. [2]

Alors que j'errais dans le cloître, m'interrogeant sur les saints meurtris et les gargouilles moussues, toute disposition que j'avais pu ressentir pour la méditation monastique était dissipée par l'apparition d'une femme, non seulement une femme, mais une femme moderne, qui a gagné en vitalité et en l'initiative sans perdre les grâces féminines, "l'amie virile et la camarade égale", comme l'appelle Maeterlinck. Son costume n'était pas en harmonie avec l'environnement, car il avait une apparence vaguement médiévale : une robe à capuche faite d'une épaisse étoffe bleue, tombant en longs plis droits jusqu'à ses pieds.

Il n'est pas nécessaire de décrire Madame Georgette Leblanc Maeterlinck, car Maeterlinck lui-même l'a fait, esquissant également d'une main aimante ses vertus et ses défauts. [3] Il reconnaît avec gratitude sa puissante influence sur sa pensée dans les préfaces de ses essais et la montre par les références fréquentes à ses opinions et à sa personnalité. Monna Vanna, Joyzelle et Mary Magdalene sont des rôles écrits pour elle. On peut savoir quand elle est entrée dans la vie de Maeterlinck par l'apparition de « la femme nouvelle » dans ses drames ; Aglavaine , qui éclipse et déplace involontairement la frêle et timide Sélysette , Ariane, la dernière épouse de Barbe Bleue, qui libère ses autres épouses de la chambre secrète où elles étaient enfermées, ne sont pas tuées comme le disait la rumeur précédente. Les fraternités emprisonnées, qui sont d'ailleurs les anémiques les héroïnes de la période antérieure de Maeterlinck, Sélysette , Mélisande , Ygraine , Bellangère et Alladine , refusent de suivre Ariane vers la liberté ; ils préfèrent rester avec Barbe Bleue, alors elle sort seule. Mais elle ne claque pas la porte comme Nora dans « La maison de poupée ». Il n'est plus nécessaire aujourd'hui de claquer la porte.

Madame Maeterlinck me montre les lieux qu'elle a choisis pour les scènes de « Pelléas et Mélisande », car elle est l'inventrice d'une nouvelle forme d'art dramatique basée sur la découverte que le public se déplace plus facilement que les châteaux, les arbres et les collines. Seulement le temps qu'elle ne peut pas contrôler, et le drame pathétique a été joué de manière appropriée bien que de manière gênante sous une tempête de pluie. [4] L'ancien réfectoire qu'elle utilisait comme salle de banquet à "Macbeth" était suffisamment grand pour accueillir quatre cents moines bénédictins à table. Elle est couverte et lambrissée de bois sculpté et éclairée par une rangée de grandes fenêtres en ogive ornées de morceaux de vitraux très anciens.

Nous voici bientôt rejoints par M. Maeterlinck, un personnage robuste en veste Norfolk et culotte, car il revient d'une promenade dans les bois avec son chien. Non, le chien n'était pas son ami Pelléas . Pelléas , comme vous auriez dû vous en souvenir, est mort il y a des années, très jeune.

Certains disent que Maeterlinck a un visage de paysan flamand. Certains disent un visage de bourgeois flamand. Ne connaissant ni la physionomie de la paysannerie ni celle de la bourgeoisie flamande, je ne peux trancher cette question délicate. Tout ce que je peux dire, c'est que c'est un visage auquel on peut faire confiance, le visage d'un homme qu'on aimerait avoir pour ami. Les yeux, grands ouverts et bien écartés, sont clairs et stables. Ses cheveux deviennent gris et, ces dernières années, il a rasé sa moustache, montrant sa bouche droite et ferme et son sourire agréable. Ses photographies ne lui rendent pas justice, car aucune d'elles ne le montre souriant – ses livres non plus. Se coucher tôt, se lever tôt et passer beaucoup de temps en plein air lui ont donné une démarche droite et un pas vigoureux. Il aime la boxe et a écrit un essai faisant l'éloge de ce sport.

De la fenêtre de son bureau à l'étage, il me montre son bois qui s'étend tout en haut de la colline et il sort de sa poche le livre qui a occupé son après-midi, un livre sur les mouches à truites. Mais je m'intéresse davantage à autre chose, à la grande table de travail qui occupe le centre du bureau, jonchée de papiers, avec une machine à écrire au coin. Le mur en face de la fenêtre est tapissé de livres et, en les parcourant, je vois ses propres pièces et essais traduits dans une demi-douzaine de langues, les œuvres de Carlyle, les « Mystiques anglais » de Vaughan et de nombreux volumes de sciences naturelles, de poésie et de philosophie. . M. Maeterlinck devine ce que j'ai le plus envie de voir et prend son Emerson, une vieille édition en un volume, en caractères atrocement fins, mais manifestement bien lus, avec de nombreux soulignements et autant d'annotations que le permettent les marges étroites . Il est curieux qu'Emerson ait fortement influencé deux hommes aussi différents que Nietzsche et Maeterlinck. [5] Mais seul ce dernier acquit son plus bel attribut, la sérénité d'esprit. Maeterlinck ressemble également à Thoreau dans son amour de la nature, même s'il ne fait aucune affectation d'ascétisme ou d'ermitage.

Il passe ses étés uniquement à l'Abbaye de Saint- Wandrille . L'hiver, il se rend sur la Riviera pour vivre avec les abeilles et les fleurs dont il parle la langue. Sa résidence d'hiver se trouve aux Quatre Chemins, près de Grasse, dans le sud-est du pays. Ici, il est encore plus isolé qu'à Saint- Wandrille . Il préfère la campagne à la ville, non pas parce qu'il a une aversion pour les gens en masse ou pour les mécanismes de la vie moderne, mais parce qu'il n'aime pas la lionisation et la publicité de toutes sortes. Il étoufferait dans l'atmosphère d'un salon parisien. Il n'appartient à aucune des coteries littéraires réunies pour l'admiration mutuelle et la promotion réciproque des intérêts individuels. Il n'a jamais été ce que Verlaine appelait un « cymbaliste ».

En tant que philosophe mystique, Maeterlinck trouve une fleur dans un mur creusé, suffisante pour lui donner un aperçu des secrets de l'univers. La science moderne, au lieu de tuer le mysticisme, comme le prédisaient les poètes désespérés du siècle dernier, a provoqué sa renaissance. Cela est tout à fait naturel, car le mysticisme est la vérification de la religion par la méthode expérimentale, comme l'ecclésiastique est la vérification de la religion par la méthode historique. La doctrine de l'évolution a donné une base intellectuelle et un contenu plus riche au sens de l'unité de la nature, qui est la force du mysticisme. Un poète faible, méfiant de sa vision ou de ses propres pouvoirs, craint la science et la fuit. Un grand et courageux poète s'empare de la science et l'utilise à son profit. Tennyson et Sully-Prudhomme furent parmi les premiers à en percevoir et à en démontrer la possibilité. Maeterlinck, étant de la génération née depuis l'aube de l'ère scientifique, a hérité de sa richesse sans avoir à traverser aucune période de tempête et de stress pour l'acquérir. Aucune trace des antagonismes agités du XIXe siècle ne vient troubler la sérénité de ses essais. Il ne voit aucun conflit entre les visions scientifiques et poétiques du monde. Il le regarde les deux yeux ouverts et les deux visions fusionnent en une seule réalité solide.

Maeterlinck a été un leader dans ce mouvement caractéristique du XXe siècle qu'on pourrait appeler la réanimation de l'univers. Il était, et il n'y a pas si longtemps, mais la plupart d'entre nous s'en souviennent, où, terrifié par les progrès de la science, l'homme n'osait pas s'approprier son âme. Naturellement, il a refusé une âme au reste du monde. Les animaux étaient des automates ; les plantes, bien sûr, inconscientes ; et les planètes et les machines sont hors de question. La nature a été soumise à un processus que l'on pourrait décrire succinctement comme une désanthropomorphisation . Pour les naturalistes de l'école inanimée, un insecte ne valait pas la peine d'être étudié tant qu'il n'était pas traversé par une épingle. Les animaux n'étaient intéressants que lorsqu'ils étaient empaillés.

Aujourd'hui, les naturalistes reviennent à la nature. Ils quittent le laboratoire pour les bois. Ils se sont rendu compte qu'étudier la zoologie dans un musée, c'est comme étudier la sociologie dans un cimetière. Ils ont découvert que les animaux et les plantes possèdent non seulement de la vitalité, mais aussi de l'individualité, et puisque l'intérêt réel de l'homme pour le monde qu'il méprise a toujours été, bien qu'il l'ait souvent nié, parce qu'il espérait s'y voir, une nouvelle école de pensée. sont apparus des fabulistes qui nous tendent le miroir de la nature comme le faisaient autrefois Ésope et Pilpay .

Parmi eux, il n'y a personne, si ce n'est Kipling, qui est l'égal de Maeterlinck. Comme Tyltyl , il porte sur sa casquette le bouton féerique qui, lorsqu'on le touche, fait ressortir l'âme des choses. Et comme dans "L'Oiseau Bleu", les âmes qu'il a autrefois libérées de leurs prisons matérielles par la magie de ses phrases ne reviennent plus. Ils nous restent visibles pour toujours ; non seulement les âmes du chien et du chat, mais celles de l'abeille, du chêne, du pain et de l'automobile. Il nous montre le chat comme un tigre minuscule mais non domestiqué pour lequel nous ne sommes rien de plus qu'une proie envahissante et immangeable. Nous voyons à travers ses yeux les plantes cultivées comme nos esclaves muets, car « la rose et le maïs, s'ils avaient des ailes, voleraient à notre approche comme les oiseaux ».

Maeterlinck a récemment testé les chevaux pensants d' Eberfeld , les successeurs de Kluge Hans, et s'est convaincu de leur capacité à épeler et à chiffrer, voire à extraire la racine carrée de grands nombres, un exploit que Maeterlinck dit qu'il n'a jamais pu apprendre lui-même à l'école. . Il trace

cependant une limite en attribuant aux chevaux des pouvoirs télépathiques.
[6]

"L'Oiseau Bleu" ne peut échapper à la comparaison avec son rival contemporain sur scène, "Chantecler", mais la similitude est superficielle. Ils sont aussi différents dans leur philosophie que dans leur style. Maeterlinck a écrit un conte de fées pour enfants ; Rostand une satire pour les adultes. Maeterlinck cache la profondeur de sa pensée sous un dialogue de prose simple et naïve. Rostand déguise ses trivialités dans une versification élaborée et artificielle. "L'Oiseau Bleu" est en réalité le descendant du "Petit Oiseau Blanc", malgré le contraire de Mendel. Mais il manque à Maeterlinck l'humour délicieux avec lequel Barrie avait dépeint son Peter Pan.

La déception de celui qui a lu "L'Oiseau Bleu" en le voyant dépend de la vivacité de son imagination. Il constatera probablement qu'en le lisant il n'a pas réussi à apprécier l'humour de la caractérisation grotesque des personnages mineurs, tels que le Pain, le Chien, le Chat et le Sucre, mais d'un autre côté il constatera qu'il s'est imaginé des scènes telles que le Palais de la Nuit et le Royaume du Futur sont bien plus splendides et impressionnantes qu'elles ne le paraissent sur scène. La pièce jouée au New Theatre de New York n'était pas aussi efficace qu'au Haymarket de Londres.

"L'Oiseau Bleu" conviendrait mieux comme opéra. J'aimerais que quelqu'un le mette en musique. Le chant très impressionnant des mères accueillant leurs enfants montre combien la musique peut y ajouter. Les harmonies oniriques et informes de Debussy convenaient à « Pelléas et Mélisande », mais l'auteur de la « Symphonie domestique » pouvait seul rendre justice à ce drame de cuisine. Seul Strauss pouvait donner au Sucre et au Lait des motifs appropriés et donner la bonne orchestration aux querelles du Chat et du Chien, du Feu et de l'Eau.

Chez Maeterlinck, la personnification ne s'accomplit pas par la falsification. Sa « Vie de l'abeille » est basée sur sa propre observation et de nombreuses lectures, et est plus exempte d'erreurs que la plupart des livres purement scientifiques écrits sur le sujet. En fait, de telles erreurs, comme il les commet, sont accidentelles et ne sont jamais dues à une déformation ou à une invention dans le but de travailler dans une fantaisie poétique ou d'indiquer une morale. En fait, il ne donne pas de morale. Ses études sur la nature n'enseignent aucune leçon, sauf si c'est la grande leçon de parenté avec la nature. Il n'écrit pas, comme Kipling, une histoire animalière dans le but d'amender le projet de loi budgétaire ou de modifier les relations diplomatiques. "La vie de l'abeille" peut être utilisé comme un tract socialiste. Il peut également être utilisé comme tract antisocialiste. "L'esprit de la ruche", selon son interprétation, attire les uns et en repousse les autres. Lord

Avebury, qui est la principale autorité anglaise en matière de fourmis et d'abeilles, est le chef de la société d'opposition au socialisme.

Maeterlinck n'est pas de ceux qui dressent des animaux sur leurs pattes de derrière pour servir de maîtres d'école aux hommes. Il ne trouve nulle part en dehors de nous-mêmes, ni dans les cieux ni sur la terre, cette justice à laquelle l'humanité croit instinctivement et inévitablement. Il est aussi largement pragmatique que Sumner dans sa conception de la moralité :

Entre le monde extérieur et nos actions, il n'existe que des relations simples et essentiellement non morales de cause à effet.

En nous adaptant aux lois de la vie, nous avons été naturellement amenés à attribuer à nos idées morales les principes de causalité que nous rencontrons le plus fréquemment. Et nous avons ainsi créé un semblant très plausible de justice efficace, qui récompense ou punit la plupart de nos actions dans la mesure où elles se rapprochent ou s'écartent de certaines lois essentielles à la préservation de la race.

Il y a en nous un esprit qui ne pèse que les intentions ; sans nous un pouvoir qui ne fait qu'équilibrer les actes. [7]

Cela se lit comme un supplément du XXe siècle au discours de Huxley sur les Romanes.

Le sens de la justice de Maeterlinck est plus indigné par les calamités qui résultent de l'insouciance et de la malveillance de l'homme que par les désastres des tremblements de terre et des tempêtes. Nous sommes d'étranges amoureux d'une justice idéale, dit-il ; nous qui condamnons les trois quarts de l'humanité à la misère de la pauvreté et de la maladie, pour ensuite nous plaindre de l'injustice de la nature impersonnelle. Et en lisant un conte des « Mille et Une Nuits », il est frappé par le fait que les femmes du harem, créatures dressées au vice et condamnées à l'esclavage, expriment les plus hauts préceptes moraux :

Ces femmes, qui réfléchissent sans cesse aux plus hauts et aux plus grands problèmes de justice, de morale des hommes et des nations, ne jettent jamais un regard interrogateur sur leur propre sort, ni ne soupçonnent un instant l'abominable injustice dont elles sont victimes. Et ceux qui les écoutent, les aiment, les admirent et les comprennent ne s'en doutent pas non plus. Et nous qui nous émerveillons de cela, nous qui réfléchissons aussi sur la justice et la vertu, sur la pitié et l'amour, sommes-nous si sûrs que ceux qui nous succéderont ne trouveront pas un jour dans notre condition sociale actuelle un spectacle aussi déconcertant et aussi étonnant. [8]

Maeterlinck se tient à l'écart de la politique, mais ce n'est pas parce qu'il ne sympathise pas avec la tendance de son temps. Il a confiance dans la démocratie malgré sa perception claire de ses défauts et de ses dangers :

Dans ces problèmes où convergent toutes les énigmes de la vie, la foule qui a tort est presque toujours justifiée contre le sage qui a raison. Il refuse de le croire sur parole. On sent vaguement que derrière les vérités abstraites les plus évidentes se cachent d'innombrables vérités vivantes qu'aucun cerveau ne peut prévoir, car elles ont besoin de temps, de réalité et de passions humaines pour développer leur travail. C'est pourquoi, quel que soit l'avertissement qu'on lui donne, quelle que soit la prédiction qu'on lui fasse, la foule insiste avant tout pour que l'expérience soit tentée. Peut-on dire que, dans les cas où la foule s'est procurée l'expérience, elle a eu tort d'insister ? [9]

Il eût sûrement été très dangereux de confier les destinées de l'espèce à Platon ou à Aristote, à Marc Aurèle, à Shakespeare ou à Montesquieu. Aux pires moments de la Révolution française, le sort du peuple était entre les mains de philosophes de tout premier ordre. [dix]

Le caractère approfondi de sa démocratie est souligné par le professeur Dewey dans sa conférence sur la « philosophie de vie de Maeterlinck » donnée à l'Université de Columbia :

"Emerson, Walt Whitman et Maeterlinck sont peut-être jusqu'à présent les seuls hommes qui ont été habituellement et, pour ainsi dire, instinctivement, conscients que la démocratie n'est ni une forme de gouvernement ni un opportunisme social, mais une métaphysique des relations. de l'homme et de son expérience à la nature ; parmi eux, Maeterlinck a au moins l'avantage d'être plus éclairé par les progrès des sciences naturelles.

Ce sentiment démocratique me semble provenir davantage de son sens mystique de la continuité de la vie que de dispositions personnelles ou d'une théorie politique. Dans ses drames antérieurs et plus caractéristiques, les personnages ne sont guère plus que des symboles parlants. Leurs looks et leurs costumes ne sont décrits ni dans les mises en scène ni dans les dialogues. Leurs noms, s'il prend la peine de leur donner des noms, suffisent à peine dans certains cas à indiquer le sexe. Leur langage est un langage réduit à ses éléments les plus bas, excessivement simplifié en fait, et plein de répétitions et d'incohérences communes aux gens stupides et incultes du monde entier. Maeterlinck lui-même les appelle des « marionnettes » et dit qu'elles ont l'apparence de somnambules à moitié sourds qui se réveillent d'un rêve douloureux.

Mais ces hommes fantoches sont dépouillés de leur individualité dans le but de les réduire au dénominateur commun de l'humanité. Ils sont dépourvus d'intérêt personnel afin d'éviter que l'attention du spectateur ne se fixe sur eux. Ils sont rendus transparents afin que nous puissions les parcourir et percevoir les forces extérieures qui les contrôlent. Le poète dramatique, dit-il dans la préface de ses premiers drames, « doit nous montrer de quelle manière, sous quelle forme, dans quelles conditions, selon quelles lois et dans quel but nos destinées sont contrôlées par les puissances supérieures, l'inintelligible influences dont les principes infinis, en tant que poète, il est persuadé que l'univers est plein.

Il considère la grande poésie comme composée de trois éléments principaux :

D'abord la beauté verbale, puis la contemplation et la représentation passionnée de ce qui existe réellement autour de nous et en nous-mêmes, c'est-à-dire la nature et le sentiment, et enfin, envelopper l'ensemble de l'œuvre et créer sa propre atmosphère, l'idée que le poète a de l'inconnu dans lequel flottent les êtres et les choses qu'il évoque, du mystère qui les domine et les juge et préside à leurs destinées.

Les critiques n'avaient pas tout à fait tort lorsqu'ils qualifiaient les personnages de ses premières pièces de « simples ombres ». Mais une ombre n'existe que lorsqu'une lumière vive est projetée sur un objet réel. Le but de Maeterlinck est de faire prendre conscience aux hommes des cavernes de Platon du drame qui se joue dans leur dos. L'action réelle de ces pièces n'est pas celle que l'on voit sur scène. Ses drames contiennent leur message écrit à l'encre secrète entre les lignes, et il ne devient visible que lorsqu'il est réchauffé par la sympathie du lecteur.

La représentation de « Macbeth » à Saint- Wandrille avait un double intérêt. Il introduisit une forme nouvelle du drame et en ajouta une autre aux nombreuses tentatives visant à traduire Shakespeare en français. Ce divertissement sélect et familial pourrait être appelé « apparat de chambre », car il entretient à peu près le même rapport avec les processions en plein air , aujourd'hui si populaires, que la musique de chambre l'est avec l'orchestre. La plupart des incongruités signalées par les critiques [11] ne sont pas inhérentes au projet, mais tiennent au fait que "Macbeth" n'est pas plus adapté à un tel décor qu'au théâtre moderne. On pourrait peut-être faire quelque chose de plus efficace dans ce domaine si une nouvelle pièce était écrite pour s'adapter au lieu et aux conditions de représentation, exigences certainement pas plus exigeantes que celles de la scène élisabéthaine. Il serait même possible de s'en tenir strictement aux trois unités et de jouer les scènes de manière appropriée à l'intérieur et à l'extérieur, à la lumière du jour et dans l'obscurité.

Madame Georgette Leblanc-Maeterlinck a été, comme les épouses sont susceptibles de l'être, à la fois une aide et un obstacle pour son mari.

Elle a inspiré certaines de ses meilleures œuvres et l'a également entraîné dans d'interminables controverses avec les directeurs de théâtre. "Monna Vanna" a été écrite pour elle, alors, tout naturellement, elle a voulu avoir le monopole du rôle -titre , et lorsque Debussy a mis " Pelleas et Mélisande " sur une musique aussi surnaturelle que la pièce, elle a insisté pour chanter Mélisande . Mais les directeurs parisiens, soit parce qu'ils avaient *des protégées* à eux, soit parce qu'ils n'avaient pas une assez haute opinion des capacités de Madame Leblanc comme actrice et prima donna, refusèrent de l'accepter, et M. Maeterlinck ne put les contraindre. ou pour empêcher la production de la pièce et de l'opéra avec d'autres grandes dames. Elle a cependant finalement chanté le rôle à la fois chez elle et en Amérique, même si elle a perdu la distinction de l'avoir créé.

Mais c'est en tout cas à son assiduité qu'on doit une nouvelle traduction de "Macbeth", qui, selon le London *Times* , "est l'effort le plus consciencieux pour préserver l'atmosphère d'une pièce shakespearienne qui ait été tenté en français depuis le remarquable travail de M. Marcel Schwab". interprétation de « Hamlet ». » La difficulté de traduire un langage poétique, dans lequel le son et la connotation des mots sont aussi essentiels que leur sens littéral, est admirablement exposée par M. Maeterlinck :

Les humbles traducteurs face à Shakespeare sont comme des peintres assis devant la même forêt, les mêmes mers, sur la même montagne. Chacun d'eux fera une image différente. Et une traduction est presque autant un *état d'âme* comme l'est un paysage. Au-dessus, en-dessous et tout autour du sens littéral et littéraire de la phrase primitive flotte une vie secrète presque impossible à saisir, et qui est néanmoins plus importante que la vie extérieure des mots et des images. C'est cette vie secrète qu'il importe de comprendre et de reproduire du mieux qu'on peut. Une extrême prudence s'impose, car la moindre fausse note, la moindre erreur, peut détruire l'illusion et détruire la beauté de la plus belle page. Tel est l'idéal du traducteur consciencieux. Il excuse d'avance tout effort de ce genre, même celui-ci, qui vient après tant d'autres, et n'apporte à l'œuvre commune que le secours très modeste de quelques phrases que le hasard a pu favoriser de temps en temps.

Il illustre ces variantes de vues d'un même paysage en réunissant toutes les différentes versions d'un couplet, de Letourneur du XVIIIe siècle à Duval, le dernier traducteur de Shakespeare :

« Des choses étranges que j'ai en tête et que je veux mettre sous la main, qui doivent être exécutées avant de pouvoir être scannées .

" J'ai dans la tête d'étranges choses qui aboutiront à ma main; et qu'il faut accomplir avant qu'on les médite ."—(Maeterlinck.)

" J'ai dans la tête d'étranges choses qui réclament ma main et veulent être exécutés avant d'être méditées ." —(François-Victor Hugo.)

"Ma tête à des projets étranges qui réclament ma main; achevons l'acte avant d'y réfléchir ." —(Maurice Pottecher .)

" J'ai dans la tête d'étranges choses qui passeront dans mes mains, des choses qu'il faut exécuter avant d'avoir le temps de les examinateur."—(Guizot.)

" J'ai dans ma tête d'étranges choses que ma main exécutera , et qui veulent être complies sans me laisser le temps de les peser ."—(Montégut .)

"Ma tête à des projets qu'exécute ma main; je veux les accomplir de suite, sans me donner le temps de les examinateur de trop près ." —(Benjamin Laroche.)

" J'ai d'étranges projets en tête qui veut être exécutés avant d'y réfléchir ." — (Georges Duval.)

" J'ai dans la tête d'étranges projets , qui, de là , passeront dans mes mains; et il faut les exécuter avant qu'on puisse les pénétrer ." —(Pierre Letourneur .)

Ce distique est en soi un argument en faveur d'une plus grande liberté de traduction que ce qui est habituellement permis. Le choix de « scann'd » parmi d'autres mots qui auraient exprimé aussi bien ou mieux l'idée était évidemment dicté par la nécessité de rimer avec « main », et cela était à son tour dû au désir d'alphabétiser avec « tête ». " Un traducteur, s'il veut faire de la poésie aussi bonne que l'auteur original, doit avoir une licence égale. Il n'est donc pas surprenant de voir que M. Maeterlinck a mieux réussi à conserver l'esprit de l'original là où il a traduit en rimes au lieu de prose, car ici les exigences du vers français l'ont contraint à une plus grande liberté. Voici des fragments de chants de sorcières :

Paddock crie : « Allez , allez ».
Le laid est beau et le beau laid
Allons flotter dans la brume,
Allons faire le tour du monde,Dans la brume et l'air immonde .

Trois fois le chat miaula
Le hérisson Piaula .
Harpier crie : "Voilà ! voilà !"

Double, double, puis redouble,
Le feu chante au chaudron trouble.

Afin que le lecteur puisse juger par lui-même si le poète belge a réussi dans cet effort de traduire Shakespeare en français, nous citons quelques passages particulièrement difficiles. Le texte complet est publié dans *Illustration* du 28 août 1909.

Et, enfin , ce Duncan fut si doux sur son trône , si pur dans sa puissance que ses vertus parleront comme d'angéliques trompettes contre le crime damné de son assassinat . Et la pitié , pareille à un nouveau-né chevauchant la tempête , ou à un chérubin céleste qui monte les coursiers invisibles de l'air , soufflerait l'acte horrible dans les yeux de tout homme jusqu'à noyer le vent parmi les larmes .

"Tu ne dormiras ! Macbeth a tué le sommeil !" L'innocent sommeil , le sommeil qui dévide l'écheau embrouillé des soucis .

Tout l'océan du grand Neptune pourrait -il laver ce sang de ma main ? Non, c'est plutôt cette main qui empourprera les vagues innombrables , faisant de la mer verte un océan rouge.

Maeterlinck lui-même a subi beaucoup de choses de la part de nombreux traducteurs. Alfred Sutro nous a donné d'admirables versions de ses œuvres philosophiques, "La Sagesse et le Destin", "Le Trésor des humbles" et "La Vie de l'abeille", mais ses pièces n'ont pas eu autant de chance, car leur effet émotionnel dépend sur le maintien d'une atmosphère particulière, si sensible qu'un souffle rauque la détruirait, laissant de ridicules marionnettes de bois là où l'instant d'avant on croyait entrevoir des êtres d'une beauté surnaturelle. Ainsi, même un lecteur dont le français est faible préférera les pièces originales, car leur langage est d'une extrême simplicité et l'effet peut même être renforcé par le voile supplémentaire que son incompréhension partielle jette sur le tableau scénique. Et puis, le truc de Maeterlinck de la triple répétition, qui offense nos oreilles anglo-saxonnes, ne nous ennuie plus en français, car dans cette langue même les rimes identiques sont permises.

Comme exemple de la façon dont un littéralisme prosaïque peut gâcher l'illusion, prenons ce passage exquis qui clôt " Pelléas et Mélisande " :

C'était un petit être si tranquille , si timide et si silencieux . C'était un pauvre petit très mystérieux , comme tout le monde. Elle est là , comme si elle était la grande soeur de son enfant.

C'est ainsi que le rend Laurence Alma Tadema, et le livret de l'opéra est encore pire : « C'était un petit être doux, si calme, si timide et si silencieux. C'était un pauvre petit être mystérieux, comme tous les monde. Elle est allongée là comme si elle était la grande sœur de son propre enfant.

Le vieux sage qui, au lit de mort de Mélisande , résume son caractère par ces mots : « *C'était un pauvre petit être* ». *mystérieux , comme tout le monde* ", donne en même temps la clé de la philosophie de la pièce . — "C'était un pauvre petit être mystérieux comme tout le monde ." "Comme tout le monde " ! La phrase renvoie un rayon égal de lumière, comme un soleil couchant, et illumine le chemin obscur que nous avons parcouru "Comme tout le monde ", et pendant tout ce temps nous pensions quelle créature contre nature et absurde était cette Mélisande , cette princesse qui ne savait pas où elle venait ou où elle allait, qui pleurait toujours sans raison, qui jouait si négligemment avec son alliance sur l'embouchure du puits, et dont les mots ne pouvaient jamais exprimer ce qu'elle ressentait. " Comme tout le monde " ? peut- être ... en tout cas à méditer, une fois qu'elle nous aura été suggérée. Et à ce propos on pourra considérer une phrase de « Sagesse et Destin » :

Le génie ne fait que mettre en relief tout ce qui peut se produire et se produit réellement dans la vie de tous les hommes ; sinon ce ne serait plus du génie que de l'incohérence ou de la folie.

Quel plaisir Francisque Sarcey a fait parler de « Pelléas et Mélisande » et de ses admirateurs lors de sa première représentation à Paris en 1893. Selon le critique chevronné du *Temps* [12] , la pièce contenait une triple symbolique ; une partie non comprise par les profanes, une partie non comprise par les initiés et une partie non comprise par l'auteur. Maeterlinck n'était qu'un engouement passager, pensait-il, dû à l'affection répréhensible des Parisiens pour tout ce qui était étranger. Pourtant, une quinzaine d'années plus tard, il aurait pu voir à New York des blocs de gens debout pendant des heures dans la neige autour de l'Opéra de Manhattan pour avoir la chance de voir, avec le charme supplémentaire de la musique de Debussy, cette même pièce que les critiques appelaient " La berline de Maeterlinck."

Même Richard Hovey, qui fut le premier à introduire les pièces de Maeterlinck en Amérique à l'époque où la « Bibliothèque de l'Arbre Vert » prospérait et portait ses fruits étranges, craignait que « son dévouement pour le côté vermifuge des choses ne l'empêche de devenir un jour populaire ». Mais il a surmonté son attachement au côté vermifuge des choses et est devenu une philosophie plus saine et donc une plus grande popularité. Le point de transition dans son style et sa pensée est marqué par la préface de ses drames, 1901. Il ne se rétracte ni ne s'excuse pour son travail antérieur, encore moins le ridiculise-t-il, comme Ruskin l'a fait dans ses premiers écrits, mais il indique franchement et gracieusement le changement d'attitude envers la vie qui se manifeste dans ses essais ultérieurs.

Il cesse d'utiliser le mot « destin » exclusivement dans son mauvais sens, et de le représenter comme une puissance ennemie de l'homme, veillant dans l'ombre pour se jeter sur nous chaque fois que nous manifestons un peu de joie. Le destin dans ses œuvres ultérieures ne signifie pas toujours la fatalité, et les événements sont davantage contrôlés par le caractère que par des forces extérieures. L'homme, par sa sagesse, peut vaincre le destin. Mais Maeterlinck voudrait que nous prenions soin de maintenir un équilibre sain entre altruisme et égoïsme :

On vous dit que vous devez aimer votre prochain comme vous-même ; mais si vous vous aimez mesquinement, puérilement, timidement, vous aimerez également votre prochain. Apprenez donc à vous aimer d'un amour sage et sain, grand et complet.

C'est par une curieuse transformation que cet avocat et poète ésotérique belge est devenu l'un des dramaturges et moralistes français les plus connus. Il est né à Gand, le 29 août 1862, d'une vieille famille flamande. Le nom « mesureur de grain » vient d'un ancêtre qui se montrait généreux en période de famine.

Il a fait ses études de droit à l'Université de Gand, conformément aux souhaits de sa famille, même s'il aurait préféré la médecine. Mais son intérêt dominant a toujours été la littérature.

Son expérience au barreau fut brève, quelques affaires pénales, puis il abandonna le droit et partit un an à Paris, où il fut principalement sous l'influence du symboliste français Villiers de l'Isle- Adam . Puis il rentra chez lui pour se consacrer tranquillement à la culture de son double jardin de littérature et de science. Il était particulièrement attiré par la fraîcheur et la richesse de Shakespeare et de ses contemporains et, comme il le dit, buvait longuement et avec soif aux sources élisabéthaines. Il était également profondément intéressé par Shelley et Browning . [13]

A l'âge de vingt-quatre ans, il commence à collaborer à *La Pléiade* , l'organe des "Jeunes Belges", un groupe de jeunes écrivains ambitieux, impressionnistes, en quête d'effets de style nouveaux, obtenus principalement par le transfert d'adjectifs descriptifs d'un des cinq sens aux quatre autres. Dans le troisième numéro de ce périodique éphémère fut publié le premier et apparemment le dernier récit de Maeterlinck, "Le Massacre des Innocents", un incident biblique replacé à l'époque des guerres d'Espagne. [14] Ici figuraient quelques-uns des poèmes réédités en 1889 dans le petit volume intitulé « Serres Chaudes " ("Fleurs de serre chaude").

La fécondation croisée du drame élisabéthain avec le symbolisme français a donné naissance à la "Princesse Maleine ", une nouvelle espèce s'il en est, shakespearienne dans la forme et l'incident, très anti-shakespeariens dans tout le reste. La première édition de ce drame était extrêmement limitée, vingt exemplaires, imprimés sur une presse manuelle avec Maeterlinck tournant la manivelle.

C'est la « Princesse Maleine » qui fit sa « découverte » par Octave Mirbeau , qui la proclama « la plus grande œuvre de génie de l'époque », et « supérieure en beauté à ce qu'il y a de plus beau dans Shakespeare ». [15] Cet éloge du journal rendit instantanément Maeterlinck célèbre partout, sauf dans son propre pays. Ses voisins de Gand refusaient de prendre cela au sérieux et trouvaient dommage que sa famille encourage le jeune homme dans sa folie en payant de telles bouffées.

Retracer le développement dramatique de Maeterlinck revient à observer une matérialisation lors d'une séance. Ses personnages sont devenus de plus en plus solides et réalistes, mais ils ont perdu le caractère illusoire et allusif qui faisait leur charme dans ses pièces précédentes. Maeterlinck n'a jamais pu égaler Ibsen — ni aucun autre — dans l'art de faire servir aussi de type ou de symbole un caractère parfaitement individualisé et naturel, redoublant ainsi notre intérêt en combinant le spécifique et le général.

Le génie de Maeterlinck s'exprime le mieux dans son domaine particulier de symbolisme et de suggestion, celui de ses premiers drames et de « L'Oiseau bleu ». Ses pièces de type plus conventionnel, "Monna Vanna" et "Mary Magdalene", trahissent ses défauts d'écrivain dramatique, son manque de puissance de construction d'intrigue et de sens de l'humour. "Marie-Madeleine" est en réalité autant une pièce en un acte que "L'Intérieur", car le dernier acte est le seul qui compte. Ici, la foule a la vedette, la foule des boiteux, des boiteux et des aveugles, des pécheurs et des malades, que Jésus a guéris et qui l'abandonnent maintenant ; et le véritable drame se joue, non dans la chambre haute de la maison de Joseph d'Arimathie, mais dans la rue extérieure, menant à la place du Crâne. La scène de la femme adultère est bien moins dramatique que sous sa forme biblique, car dans la pièce, elle est en réalité protégée par des épées romaines et non par les consciences éveillées de la foule.

Le développement continu de la philosophie de la vie de Maeterlinck se manifeste aussi bien dans ses pièces que dans ses essais. Marie-Madeleine, qui n'a pas voulu sauver son Sauveur par le sacrifice de sa vertu, représente un idéal éthique plus élevé que Monna Vanna, qui se donne pour la cité. Dans ses premières pièces, Maeterlinck tente de nous effrayer avec les terreurs traditionnelles qui, dans "L'Oiseau Bleu", sont montrées emprisonnées et inoffensives dans le Palais de la Nuit. Old Time avec sa faux, qui, en tant qu'"Intrus" d'il y a vingt ans, a apporté la mort dans la maison, apparaît maintenant dans "L'Oiseau Bleu" sous un aspect plus gentil, appelant à la vie les Enfants du Futur. En fait, « L'Oiseau Bleu » représente le point culminant de la philosophie de l'optimisme, car il repose sur la plus audacieuse de toutes les hypothèses scientifiques : selon laquelle le secret de l'existence est aussi le secret du bonheur. "Etre sage, c'est avant tout être heureux", dit Maeterlinck. En vérité, il est loin de Schopenhauer, l'objet de son admiration enfantine.

Maeterlinck a, en somme, acquis la foi. Je ne vois pas exactement en qui ou en quoi il a confiance, mais il a foi, et cela, après tout, semble être l'essentiel.

Le développement de sa pensée présente un intérêt particulier dans la mesure où il montre comment une interprétation spirituelle de l'univers et un support moral peuvent être construits sur l'agnosticisme pur. Du christianisme, il ne tire pas grand-chose, sinon un vague symbolisme et certains idéaux éthiques. Il revient avec amertume sur ses années d'école au collège jésuite de Gand, mais ses écrits ne montrent aucune trace de l'animosité anticléricale qui est si visible chez Haeckel. C'est son dernier livre, "La Mort", le plus religieux de tous, respirant un esprit de foi invincible en l'immortalité et le bonheur futur, qui fit tomber sur Maeterlinck la condamnation de Rome, et en 1914 tous ses livres et pièces de théâtre furent mis en scène. l'Index par la Sacrée Congrégation.

Il a beaucoup emprunté aux mystiques, notamment à l'allemand Novalis et au flamand Ruysbroek , dont il a traduit les œuvres en français. Dans sa préface à ce dernier il dit :

Les vérités mystiques ont cette étrange supériorité sur les vérités du genre ordinaire, qu'elles ne connaissent ni l'âge ni la mort. .

Mais il doit sans aucun doute avant tout son développement éthique et philosophique à l'étude de la nature, non pas à la vague contemplation d'objets naturels qui, au début de l'ère victorienne, était considérée comme un pabulum approprié pour les poètes, mais à l'effort visant à comprendre la nature à travers l'utilisation de connaissances scientifiques modernes. méthodes. Nous pensons à Sir Thomas Browne, qui dit : « Ces transmigrations étranges et mystiques que j'ai observées chez les vers à soie ont transformé ma philosophie en divinité. »

La raison pour laquelle de nombreux poètes et écrivains imaginatifs de grande capacité se retrouvent sans influence dans le monde moderne est, à mon avis, parce qu'ils ignorent la science ou y sont hostiles. Ils écrivent donc pour l'antiquité, qui n'achète pas de livres, ni pour la postérité, qui, on peut le dire, ne reviendra jamais à la position qu'elle occupe. Les gens n'apprécient pas la science, mais leur manière de penser est façonnée par elle, et ils ne sont ni affectés ni repoussés par une musique qui ne s'accorde pas avec elle.

Maeterlinck, tout en appréciant profondément la science, n'en exagère pas la puissance. Il n'y cherche pas une explication complète du monde.

Un mystère disparaît rarement ; d'ordinaire, il change seulement de place. Mais il est souvent très important, très souhaitable, qu'elle parvienne à changer de place. D'un certain point de vue, tous les progrès de la pensée humaine se réduisent à deux ou trois changements de ce genre : avoir délogé deux ou trois mystères du lieu où ils faisaient du mal pour les transporter là où ils deviennent inoffensifs, où ils peut faire du bien. Il suffit parfois, sans qu'un mystère change de place, de réussir à lui donner un autre nom. Ce qu'on appelait « les dieux » s'appelle maintenant « la vie ». Et si la vie est aussi inexplicable que les dieux, nous avons au moins acquis ceci : au nom de la vie, personne n'a le pouvoir de parler ni le droit de faire du mal.

Maeterlinck ne me semble pas tant un penseur original qu'une personnalité d'une sensibilité exquise, capable de capter la note dominante de l'époque dans laquelle il vit et de lui donner une expression artistique, comme pourrait le prendre pour sienne un musicien sur une haute tour. donne le ton fondamental des rues en contrebas, modulant sa musique selon le rythme de la ville, non pas pour obtenir des applaudissements, mais parce que son âme est en sympathie avec la vie qui l'entoure. Dans les écrits de Maeterlinck, si variés dans la forme et dans le sujet, on peut continuellement retracer les changements d'humeur de la philosophie des vingt dernières années, car il a toujours conservé sa sincérité de pensée et son courage d'expression.

Regarder la vie sans crainte ; accepter les lois de la nature, non pas avec une douce résignation, mais comme ses fils, qui osent chercher et remettre en question ; avoir la paix et la confiance dans notre âme – ce sont les croyances qui font le bonheur. Mais croire ne suffit pas ; tout dépend de la façon dont nous croyons. Je peux croire qu'il n'y a pas de Dieu, que je suis autonome, que mon bref séjour ici ne sert à rien ; que dans l'économie de ce monde sans limite mon existence compte aussi peu que la teinte évanescente d'une fleur, je puis croire tout cela, dans un esprit profondément religieux, avec l'infini palpitant en moi ; vous pouvez croire en un Dieu tout-puissant, qui vous chérit et vous protège, mais votre croyance peut être mesquine et mesquine. Je serai plus heureux que vous et plus calme si mon doute est plus grand, plus noble et plus sérieux que votre foi ; s'il a sondé plus profondément mon âme, parcouru des horizons plus larges, s'il y a plus de choses qu'il a aimées. Et si les pensées et les sentiments sur lesquels repose mon doute sont devenus plus vastes et plus purs que ceux qui soutiennent votre foi, alors le Dieu de mon incrédulité deviendra plus puissant et plus réconfortant que le Dieu auquel vous vous accrochez. Car, en effet, la croyance et l'incrédulité ne sont que des mots vides de sens ; il n'en va pas de même pour la loyauté, la grandeur et la profondeur des raisons pour lesquelles nous croyons ou ne croyons pas. [16]

COMMENT LIRE MAETERLINCK

Pour ceux qui connaissent Maeterlinck, ce qui suit, et peut-être aussi ce qui précède, n'auront aucun intérêt. Mais ceux qui souhaitent le connaître de plus près trouveront peut-être quelques suggestions non impertinentes.

Les essais de Maeterlinck sont publiés en anglais par Dodd, Mead and Company, en sept volumes : « The Treasure of the Humble » ; « Sagesse et

Destin » ; "Le Temple Enterré" ; « La mesure des heures » ; « Le Double Jardin » ; "Sur Emerson et autres essais" (Novalis et Ruysbroek) ; et "Notre éternité". L'ordre donné est celui de leur publication en français. Chacun d'entre eux donnera au lecteur un aperçu du caractère de sa pensée ; "Sagesse et Destin" est le plus consécutif. Si l'on a le temps de rédiger un seul essai, on peut lire "La Feuille d'Olivier".

Pour son traitement de la nature, voir "The Life of the Bee" (Dodd, Mead and Company), les essais dans "The Double Garden" et dans "The Measure of the Hodrs", et "The Insect's Homer" dans *Forum* , septembre, 1910 ; également "News of Spring and Other Nature Studies", illustré par EJ Detmold (Dodd, Mead and Company).

De son œuvre dramatique, les premières pièces mystiques sont les plus caractéristiques. Le lecteur timide devrait éviter de les lire seul après la tombée de la nuit. Pourtant, il n'y a rien de surnaturel en eux, si ce n'est le sentiment du surnaturel qui les imprègne. Rien ne se produit qui ne puisse recevoir une explication rationaliste – seulement le lecteur n'est pas disposé sur le moment à accepter une telle explication. Sélectionnez soigneusement vos co-lecteurs (toutes les pièces doivent bien entendu être lues à haute voix) ; évitant particulièrement le rire hystérique, car l'effet dépend du maintien de la pression atmosphérique, et Maeterlinck se rapproche de la ligne qui sépare le sublime du ridicule et, comme il l'avoue lui-même, il lui arrive de l'enjamber. Lisez l'original si vous avez quelque connaissance du français, car la langue est des plus simples, et dans ces drames voilés, un léger flou supplémentaire ne fait pas de mal. (L'édition française est publiée aux éditions Lacomblez , Bruxelles, en trois volumes. Tome I, "La Princesse Maleine ", " L'Intruse ", " Les Aveugles " ; Tome II, " Pelléas et Mélisande ", " Alladine et Palomides ", " Intérieur ", " La mort de Tintagiles " ; Tome III, " Aglavaine et Sélysette ", " Ariane et Barbe- bleue », « Soeur Beatrice ». Les volumes I et II, traduits par Hovey, sont vendus par Dodd, Mead and Company en trois volumes.) Si vous doutez de votre capacité à lire « le drame statique », ou de votre capacité à en profiter, commencez par "L'intérieur (la maison)." Ici, la tragédie se déroule à l'intérieur de la maison, tandis que toutes les discussions se font à l'extérieur. Si vous y trouvez une fascination, passez à "L'intrus". et "Les Aveugles". Ce dernier offre une portée illimitée à ceux qui aiment parcourir les symboles. Le prêtre mort au milieu du groupe représentera toute forme d'ecclésiastique que vous pourriez avoir dépassé, et vous pourrez donner aux aveugles autour lui les noms de tous les philosophes que vous connaissez, selon le degré de leur cécité et leur confiance dans le rationalisme, l'intuitionnalisme, la psychologie de l'enfant, la psychologie animale, etc., pour s'en sortir. Mais ne pensez pas que vous devez les étiqueter si vous ne l'aimez pas.

Pour comprendre "L'Oiseau Bleu", il suffit de devenir un enfant. Puis, après avoir grandi à nouveau, vous découvrirez peut-être que vous le comprenez encore mieux. Il a été présenté pour la première fois en Russie, où il a été joué par cinquante-deux compagnies. Londres et New York l'ont vu avant Paris, où il a été mis en scène pour la première fois cinq ans après sa parution ailleurs, avec Madame Georgette Leblanc dans le rôle de Lumière. (Version anglaise, Dodd, Mead and Company.) Maeterlinck a supprimé la conspiration forestière parce qu'elle effrayait les enfants et l'a remplacée par un nouvel acte contenant l'un de ses personnages les plus originaux, le Bonheur de courir pieds nus dans la rosée, qui est apparemment un fille du docteur Kneipp . Madame Maeterlinck a préparé "L'oiseau bleu pour les enfants" sous forme de conte pour les écoles (Silver, Burdett and Company).

"Mary Magdalene" est jouée par Olga Nethersole , mais peut être aussi bien lue que vue. "Monna Vanna" a été interdite par la censure en Angleterre jusqu'en 1914, mais a été jouée dans ce pays par Bertha Kalich , sans offense. La seule pièce de Maeterlinck qui soit un tant soit peu « Frenchy » est celle qu'il a traduite de l'anglais de John Ford. (Dodd, Mead and Company publient « Joyzelle » et « Monna Vanna », « Aglavaine et Sélysette », « Mary Magdalene », « Pelléas et Mélisande », « Princess Maleine », « The Intruder, and Other Plays » et « Sister Beatrice", et "Ariane and Blue Beard". Harper publie "Monna Vanna"; Crowell publie " Pelleas and Mélisande "; RF Seymour, Chicago, publie "Twelve Songs of Maeterlinck". Plusieurs de ces pièces se trouvent dans les anciens numéros de *Poète Lore* vendu par RG Badger, Boston.)

Une bibliographie complète se trouve dans la vie de Maeterlinck de Montrose J. Moses (Duffield). Nous avons également en anglais de brèves biographies de Gérard Harry (Allen and Sons) et J. Bithel (Scribner). L'esquisse de William Sharp dans la "Warner Library of the World's Best Literature" est remarquable par sa perspicacité, et le lecteur peut également être renvoyé aux " Iconoclastes" de Hunneker , aux "Six Masters of Disillusion" de Thorold et à l'article sur "La Philosophie de Maeterlinck". of Life", par le professeur John Dewey de Columbia dans le *Hibbert Journal* , juillet 1911. L'amant de Maeterlinck, dont l'affection est susceptible d'être aliénée, devrait se méfier de la lecture de la très intelligente parodie de son style dans "Borrowed" d'Owen Sea-man. Plumes" (Holt).

---

[1] « L'Abbaye de Fontenelle ou de Saint- Wandrille ». Paris. 1827.

[2] Extrait de "Le Passé", de Maurice Maeterlinck. *L'Indépendant,* 6 mars 1902.

[3] "Le Portrait d'une Dame", dans "Le Double Jardin".

[4] Voir son récit de la performance dans *Century Magazine* , janvier 1911.

[5] Pour Maeterlinck sur Emerson, voir *Poet Lore* , Vol. 10, p. 76, janvier 1898, et *Arena* , Vol. 16, p. 563, mars 1896.

[6] *Magazine métropolitain* , mai 1914.

[7] "Le Mystère de la Justice", dans "Le Double Jardin".

[8] *L'Indépendant* , 3 janvier 1901.

[9] "Le Double Jardin".

[10] « Le mystère de la justice ».

[11] Pour une description de la performance, voir « A Realization of Macbeth » d'Alvan G. Sanborn dans *The Independent* , 15 septembre 1909.

[12] Voir sa « Quarante ans de Théâtre ».

[13] Son admiration pour Browning apparaît dans sa réponse au professeur William Lyon Phelps, de Yale, qui avait attiré l'attention sur la similitude étroite entre un incident dans "Luria" de Browning et "Monna Vanna" de Maeterlinck. Maeterlinck reconnut très franchement et courtoisement sa dette envers Browning, qu'il considérait, comme Eschyle , Sophocle et Shakespeare, comme des sources communes d'inspiration littéraire. *The Independent* , 5 mars et 11 juin 1903.

[14] Ceci est signé de son nom dans sa forme originale, Mooris Materlinck . Une traduction de ce conte et d'autres contes d'écrivains belges par Edith Wingate Rinder a été publiée en 1897 dans la "Green Tree Library" de Stone & Kimball (maintenant Duffield & Co.).

[15] *Figaro* , 24 août 1890. Octave Mirbeau s'occupera plus tard de la retentissante Marguerite Audoux , la couturière de Paris, qui écrivit « Marie-Claire ».

[16] « Sagesse et Destin », § 79.

CHAPITRE II

HENRI BERGSON

———

L'histoire de la philosophie nous montre surtout les efforts sans cesse renouvelés d'une réflexion travaillant à atténuer les difficultés, à résoudre les contradictions, à mesurer avec une approximation croissante une réalité incommensurable à notre pensée. Mais de temps en temps surgit une âme qui semble triompher de ces complications à force de simplicité, âme d'artiste ou de poète, restant proche de son origine, se réconciliant avec une harmonie ressentie par le cœur des termes peut-être inconciliables par l'intelligence. Le langage qu'il parle, lorsqu'il emprunte la voix de la philosophie, n'est pas également compris par tout le monde. Certains le trouvent vague, et il en va de même dans ce qu'il exprime. D'autres le sentent précis, parce qu'ils ressentent tout ce qu'il suggère. Pour beaucoup d'oreilles, il n'apporte que l'écho d'un passé disparu, mais d'autres y entendent comme dans un rêve prophétique le chant joyeux de l'avenir.

Ces paroles, que Bergson a utilisées dans son éloge funèbre de son professeur Ravaisson , devant l'Académie française des sciences morales et politiques, peuvent s'appliquer avec plus de pertinence à Bergson lui-même. Car lui, bien plus que Ravaisson , s'est montré une force originale dans le monde de la pensée, et sa philosophie apparaît également à certains comme réactionnaire dans sa tendance et à d'autres bien en avance sur tout ce qui a été formulé jusqu'à présent. Mais cela paraît important à tous. "Rien de tel depuis Descartes", dit-on en France. "Rien de tel depuis Kant", dit-on en Allemagne. Sa salle de cours est la plus grande du Collège de France, mais elle est trop petite pour accueillir la foule qui voudrait l'entendre. Ils commencent à se rassembler à trois heures et demie pour la conférence de cinq heures, mais ils doivent écouter un économiste politique pour conserver leur place. C'est une foule cosmopolite qui attend le conférencier le mercredi, parlant plus de langues qu'on n'en a habituellement entendu dans la même salle à aucun moment pendant la période allant de la grève de la Tour de Babel à l'adoption universelle de l'espéranto. Parmi eux, il faut distinguer le français, l'italien, l'anglais, l'américain, l'allemand, le yiddish et le russe ; peut-être cette dernière prédomine-t-elle parmi les langues étrangères, car les jeunes gens des deux sexes viennent en masse de Russie pour se soumettre à son instruction. Cela peut susciter en nous quelques spéculations, voire quelques appréhensions. Le bergsonisme a déjà pris des formes curieuses dans l'esprit de ses trop ardents disciples, et ce qu'il deviendra une fois traduit dans la langue et le tempérament russes, il serait téméraire de le prophétiser.

Mais le public polyglotte reste silencieux tandis que M. Bergson monte à la tribune et commence à parler, sur un ton lent, doux et clair, accentué par les gestes nerveux de ses mains fines. Sa silhouette est légère et son visage mince et pointu, d'apparence presque ecclésiastique. Ses cheveux sont légèrement gris, mais sa moustache rasée est brune. Les yeux sont profonds, sombres et pénétrants, les yeux du voyant et du scientifique ensemble. Il expose son argumentation à l'avance dans le style formel français, mais contrairement à la plupart des conférenciers français, il ne se limite pas à des notes. Ses tours de pensée rapides brisent les formes conventionnelles de la logique et trouvent leur expression dans des comparaisons frappantes et originales tirées de son large éventail de lectures. Je suppose que tous les professeurs reçoivent des surnoms de la part de leurs étudiants ; du moins tous ceux qui sont aimés ou haïs, et cela inclut tous ceux qui représentent quelque chose. Les élèves de Bergson l'appellent « l'alouette », car plus il vole haut, plus il chante doucement. Sa voix, en effet, semble descendre d'une région élevée de la haute atmosphère, tant elle est claire, fine, haute et pénétrante. Un écrivain du *London News* l'a très bien exprimé lorsqu'il a dit à propos de la conférence de Bergson à Londres : « Personne n'a jamais parlé devant un large public avec une plus grande maîtrise de soi et moins d'affirmation de soi. »

En tant qu'enseignant expérimenté, il apprécie l'importance de la répétition et, dans ses cours, il évoque la même idée sous des formes très variées et met en italique les points essentiels de sa voix. Toute sa vie, il a été enseignant, gravissant les échelons réguliers de l'enseignement jusqu'au sommet.

Henri Bergson est né au cœur de Paris, dans le quartier de Montmartre, le 18 octobre 1859. Il descend d'une importante famille juive de Pologne et il doit son excellente maîtrise de la langue anglaise à sa mère, car il a toujours parlé cette langue. avec elle. À l'âge de neuf ans, il entre au lycée Condorcet, à quelques pâtés de maisons de sa maison de la rue Lamartine. C'était un bon élève et il travaillait dur, notamment en géographie, ce qui était pour lui le plus difficile. Les mathématiques étaient son étude préférée et il avait alors l'intention d'en faire le travail de sa vie, mais il a choisi une voie plus difficile, car, comme il me l'a dit, la philosophie est beaucoup plus difficile et nécessite une réflexion plus concentrée que les mathématiques. Avant de quitter le Lycée, à l'âge de dix-huit ans, il remporta un prix pour la solution d'un problème mathématique et les *Annales de Mathématiques* publièrent l'intégralité de son article.

Il entre ensuite à l'École Normale Supérieure, où il subit l'influence de Ravaisson , Lachelier et Boutroux . Après avoir obtenu son diplôme, en 1881, il fut nommé professeur de philosophie au lycée d'Angers pendant deux ans, puis cinq ans à Clermont, puis de retour à Paris, d'abord au collège Rollin et plus tard au lycée Henri IV. En 1898, il est promu à l'École Normale Supérieure, et deux ans plus tard au Collège de France. En 1901, il fut élu à l'Institut et en 1914 à l'Académie.

La diffusion rapide de sa philosophie en France est due non seulement à sa valeur intrinsèque et à l'éloquence avec laquelle il la présente, mais en partie aussi au fait qu'il a été un professeur d'enseignants. Par ses vingt années de travail dans les écoles secondaires ou *lycées* de province et de Paris, et à l'École normale supérieure, il a façonné la pensée de milliers de jeunes gens qui enseignent, écrivent et gouvernent aujourd'hui en France. Sa position actuelle de conférencier auprès de divers publics au Collège de France, bien que plus remarquable, n'a en réalité pas plus d'influence que ses travaux antérieurs. Il a la faculté de susciter l'enthousiasme et le dévouement personnel de ses étudiants, c'est pourquoi le terrain dans tout le pays a été préparé d'avance pour la propagation de ses idées, et il ne lui reste plus qu'à les semer et à les diffuser. Nous pouvons observer quelque chose de semblable dans notre propre pays, où l'influence de Dewey s'est largement exercée par le biais de contacts personnels avec les enseignants. S'il n'avait jamais publié une ligne, les collèges, les écoles normales et les lycées de la moitié ouest des États-Unis enseigneraient néanmoins le Deweyisme anonyme . Un philosophe plus soucieux de l'influence que de la célébrité préférera une chaire où il pourra atteindre le plus grand nombre de futurs enseignants à toute autre position, aussi exaltée soit-elle.

Nous ne sommes pas laissés à la spéculation quant à l'étendue de l'influence de Bergson sur l'éducation française. Un questionnaire sur l'enseignement de la philosophie dans les *lycées* réalisé par Binet [1] a montré que ses idées étaient la force dominante de l'époque. Une école a rapporté que « quatre professeurs ici les ont adoptés sans réserve et en ont fait l'âme de leur enseignement ». Il est intéressant de noter qu'aucun de ces professeurs de lycée n'a mentionné le matérialisme ou le panthéisme parmi leurs diverses croyances philosophiques. Ils étaient également divisés entre penseurs objectifs et subjectifs, ou, disons, entre réalistes et idéalistes.

Bergson lui-même était au départ un matérialiste, et il a gravi les échelons jusqu'à sa philosophie spiritualiste actuelle lorsqu'il a découvert l'insuffisance de ses premières conceptions. Son goût était pour les sciences exactes, et c'est dans celles-ci qu'il excellait à l'école. Il entendait alors se consacrer à l'étude de la mécanique, et son ambition de jeunesse était de poursuivre et de développer la philosophie d'Herbert Spencer, dont il était alors un admirateur enthousiaste.

Mais alors qu'il étudiait les formules de la mécanique en vue de découvrir leurs implications philosophiques et de les utiliser dans l'explication de l'univers, il fut frappé de leur insuffisance, voire de leur fausseté, lorsqu'elles étaient appliquées aux phénomènes de la vie et de l'esprit. Il était particulièrement troublé par le symbole t qui apparaît si fréquemment dans les formules mathématiques et physiques et qui est censé représenter le « temps ». Elle est représentée géométriquement par une ligne droite tout comme les trois dimensions de l'espace. En fait, comme le souligne Bergson, le « temps » tel qu'il est utilisé en science physique n'est ni plus ni moins qu'une quatrième dimension de l'espace. Il s'agit d'une conception purement spatiale, d'un cadre vide dans lequel les événements peuvent être ordonnés comme des objets alignés sur une étagère. Il n'y a ni changement ni développement en lui, car le passé et le futur lui sont identiques.

Or, lorsque Bergson comparait cette conception physique du « temps » au temps réel ou à la durée telle qu'il la ressentait en lui-même, il découvrait qu'il s'agissait de choses entièrement différentes. Pour l'esprit, le passé ne s'étend pas en ligne derrière. Il est enroulé dans le présent et projeté vers le futur. Il y a encore moins de chemin ou de plusieurs chemins facultatifs définitivement tracés devant nous dans le futur. Nous traçons nos propres chemins à mesure que nous avançons. C'est comme les grosses boules de neige que nous, les garçons, enroulions pour construire des forts ; toute la neige sur laquelle il est passé en fait partie, et devant la neige est sans trace.

Les formules mécaniques de la science sont admirablement adaptées au but pour lequel elles ont été conçues, c'est-à-dire le maniement de la matière, mais elles sont trompeuses lorsqu'elles sont appliquées aux êtres vivants, et surtout à l'esprit humain, qui est le plus éloigné du domaine. de la mécanique des matériaux. Voici la vraie liberté et initiative.

Le partisan du libre arbitre est toujours battu dans la dispute avec le déterministe lorsqu'il le rencontre sur son propre terrain, car adopter la conception spatiale du temps et la conception dynamique des motivations réduit l'homme à une machine et, bien sûr, le rend soumis. aux lois ordinaires de la mécanique. S'il est correct de représenter l'avenir comme deux carrefours devant l'individu indécis et qu'il tire à droite et à gauche par des « motifs » de chaque côté, alors le déterministe fait tout ce qu'il veut. L'affaire lui a été concédée d'avance, et le libertaire ne peut que reculer devant sa logique. Mais Bergson soutient que lorsque le déterministe prétend parler du futur, il le considère en réalité comme déjà passé, comme définitivement cartographié et virtuellement existant.

De même que le premier livre de Bergson, « Temps et libre arbitre », était consacré au renversement de l'argument métaphysique en faveur du déterminisme, de même son deuxième, « Matière et mémoire », était consacré au renversement de l'argument psychologique, selon lequel l'esprit et le cerveau ne sont que des aspects différents d'une même chose (monisme) ou que leur action est parallèle de sorte qu'un certain état de conscience correspond toujours à un certain mouvement moléculaire (dualisme). Puisque les activités du cerveau sont vraisemblablement contrôlées par les lois physiques et chimiques, les activités mentales doivent également être identiques ou inséparablement liées à celles-ci. Mais Bergson, adoptant la position d'un dualiste extrême, soutient que l'esprit est distinct de la matière et n'en dépend qu'en partie, que les souvenirs ne sont pas entièrement stockés dans le cerveau ou ailleurs dans l'espace, et que le cerveau n'est essentiellement rien d'autre que un instrument d'action.

Il en va de même pour nos sens, pour notre organisme corporel en général. Ils sont conçus à des fins pratiques et non spéculatives. Les choses les plus proches de nous nous paraissent les plus grandes et les plus claires. L'œil est utile car sa vision est limitée. Si elle était sensible à tous les rayons, comme notre peau, nous aurions, non pas une vision, mais des coups de soleil. Or l'entendement, qui a aussi une origine pragmatique, limite notre connaissance tout comme l'œil limite notre vision, et dans le même but.

Permettez-moi de donner quelques exemples de cette limitation de nos sens et de notre intellect. Supposons que nous regardions un cheval ou une automobile passer dans la rue. Nous avons une impression immédiate et très nette du mouvement, mais nous ne pouvons pas voir le mouvement lui-même. Il faut d'abord analyser le mouvement ; c'est-à-dire, démontez-le, divisez-le en quelque chose qui n'est pas du mouvement. Nous pouvons le faire avec une caméra kinétoscope qui prend des instantanés à raison de cinquante par seconde. Ces images successives ne donnent pas de mouvement, quelle que soit la rapidité avec laquelle elles sont prises. Chacun représente l'objet immobile, ou s'il n'est pas assez rapide pour cela, l'image est floue ; mais montrez-nous ces natures mortes en succession rapide, et nous ne les percevons plus comme des vues séparées mais comme un mouvement continu. Pourquoi la caméra peut-elle nous tromper à ce point ? Tout simplement parce que nos yeux fonctionnent de la même manière. Ce sont des appareils photo et le temps d'exposition de la rétine est à peu près le même que celui des films cinématographiques. Un objet en mouvement observé fixement n'est qu'une bande floue. Mais si nous clignons rapidement des yeux, nous pouvons apercevoir les pattes du cheval ou les rayons de la roue, ainsi, à la manière du kinétoscope transformant le mouvement en immobilité par une attention intermittente.

Regardez attentivement un portrait dans ce livre et vous verrez qu'il est constitué de noir et blanc pur. Inutile de préciser que le visage représenté n'était pas composé de taches noires de différentes tailles sur fond blanc. Dans l'original, il n'y avait ni noir, ni blanc, ni points. Il n'y avait que des nuances égales, plus claires et plus sombres. L'image est une fausse représentation absolue. Pourtant, vu à l'oeil nu à une distance suffisante pour mettre les points hors de vue, il imite assez bien les nuances de l'original pour être appelé une "plaque en demi-teinte", bien qu'il n'y ait vraiment pas de demi-ton dedans, rien que noir et blanc.

Or, cette astuce consistant à décomposer le mouvement continu en images successives comme le kinétoscope et à décomposer l'espace continu en points successifs comme le processus d'impression, est la façon dont nous réfléchissons. L'esprit va par saccades comme l'œil. Lorsque nous pensons au cours de l'histoire , nous le décomposons en blocs de taille pratique, en comparant siècle après siècle, année après année. C'est parfaitement justifiable, très utile, voire inévitable, et tout à fait innocent, à condition de comprendre qu'il s'agit d'une fiction logique, adaptée à des fins simplement pratiques. Le problème vient du fait que nous ne le reconnaissons pas. Les gens en général, et en particulier les scientifiques et les philosophes, ont été enclins à considérer ce processus de rationalisation comme un moyen d'accéder à la réalité, plutôt que comme un simple outil permettant de gérer la réalité.

Il y a bien longtemps, lorsque les hommes ont commencé à réfléchir sérieusement, ils ont découvert l'insuffisance de la simple réflexion. Zénon d'Elée a proposé, entre autres énigmes, celle d'Achille et de la tortue, qui a tenu le monde en haleine pendant vingt-quatre siècles. Pendant qu'Achille rattrape son handicap, la tortue a continué un peu plus loin, et quand Achille a parcouru cette distance, la tortue n'est plus là, mais toujours en avance, et comme l'espace est conçu comme infiniment divisible, Achille prendrait une infinité de il est temps de rattraper son retard. Je ne pense pas que l'expérience ait jamais été tentée. Ce n'était pas la voie des Grecs. Ils comptaient trop sur leur cerveau et trop peu sur quoi que ce soit d'extérieur pour mettre une théorie à l'épreuve de l'expérience. Mais il a été convenu partout, toujours et par tous, qu'Achille attraperait la tortue, et une proportion considérable de chaque génération a essayé d'expliquer comment il le pourrait, y parvenant souvent à leur propre satisfaction, mais rarement à la satisfaction des autres. Car le but de cette énigme n'est pas d'obtenir la réponse, mais de dire pourquoi elle nous laisse perplexes, et les philosophes, d'Aristote à Bergson, ont consacré de nombreuses études à ce point ; et sans doute la fin n'est pas encore là.

Je me souviens bien du jour où cette ancienne plaisanterie m'a été lancée pour la première fois à l'Université du Kansas, par l'instructeur de philosophie, un jeune homme brillant tout juste arrivé de Harvard, qui avait les Éléates au bout des doigts . Plusieurs garçons se sont portés volontaires pour l'expliquer, mais moi, ayant le bras le plus long et les doigts les plus vifs, j'ai pris la parole. J'ai proposé de remplacer Achille et la tortue, qui doivent être fatigués de courir si longtemps, par un lévrier poursuivant un lapin. Les lévriers et les lapins progressent par sauts, et j'ai soutenu, à l' aide d'un morceau de craie, que ceux-ci pouvaient être mesurés et disposés dans la prairie, représentée ici par le tableau noir, et ainsi tout a été compris. Mais l'instructeur a rejeté ma demande de changement de lieu. Il est resté en Grèce et a refusé de me rencontrer sur mon sol natal, alors je me suis retiré décontenancé. Je le trouvais peu accommodant à l'époque, mais je vois maintenant qu'il était simplement sage. La méfiance est souvent confondue avec le manque de respect. Le paradoxe est résolu par la science et le bon sens en supposant qu'Achille et la tortue se déplacent par sauts au lieu de se déplacer de manière continue, puis en comparant ces sauts, car ils sont d'une longueur et d'un nombre finis.

Bref, nous savons ce qu'est le mouvement par le sens commun, par le sentiment, par l'intuition, mais quand nous en venons à en raisonner, et surtout quand nous en parlons, nous devons lui substituer quelque chose qui n'est pas du mouvement, mais est plus facile à manipuler et assez proche de lui, pour qu'habituellement il serve tout aussi bien. Cela lui ressemble autant que les lignes droites courtes, substituées par le mathématicien, sont comme les segments de la courbe qu'il essaie de résoudre. Ce qui est vrai du mouvement l'est d'une certaine manière pour toutes nos définitions, formulations, lois et catégories ; ce ne sont pas des choses réelles, mais simplement des substituts pratiques. Ils représentent une phase particulière de la réalité de manière plus ou moins satisfaisante. Ces formules ne sont pas conçues pour crocheter toutes les serrures des coffres aux trésors de la nature. Ils conviennent à la serrure pour laquelle ils sont conçus et parfois à d'autres, pas à tous. Le passe-partout de toutes les serrures soit n'existe pas, soit est trop encombrant pour être manié par l'homme.

La théorie de la personnalité de Bergson découle naturellement de sa conception du temps. On dit que le temps a une seule dimension. Oui, si on le symbolise par un trait ; sinon non, il n'a aucune dimension. Le temps impersonnel des philosophes et des scientifiques n'est que le symbole spatial de la durée. Ce que notre expérience nous montre, ce n'est pas ce temps vide, artificiel et sans incident, mais *la durée* . Et pas seulement la durée, mais *les durées* , car il y a autant de durées de rythmes d'intervalles différents qu'il y a de consciences. C'est ce qui est réel dans le temps. Le temps est en réalité le déroulement continu de notre vie consciente, d'états psychologiques qui ne se distinguent que lorsqu'il nous plaît de les diviser. La personnalité est une continuité de *mouvement indivisible* . Nous pouvons tirer un seau d'eau de la rivière, puis un autre seau, mais nous ne pourrons jamais obtenir le ruisseau de cette manière, car le ruisseau est essentiellement un mouvement. Le mouvement est ce qui est substantiel dans le flux.

À partir d'états immobiles, nous ne pouvons jamais faire de la vie ce que l'expérience nous donne réellement, car la vie est changement. Ce n'est qu'en saisissant ce changement directement dans une expérience intégrale que nous pourrons résoudre le problème. Aux vraies réalités, aucun concept n'est applicable. La réalité doit être considérée elle-même, en elle-même, telle qu'elle est ; et en en donnant une description, nous ne pouvons en fixer que l'image sous nos yeux.

Le fil conducteur des problèmes philosophiques est que l'intellect est un instrument d'action qui s'est développé au fil des siècles pour triompher des difficultés que la matière oppose à la vie. L'intellect s'est constitué en vue d'une bataille. Les obstacles qu'elle renverserait sont ceux de la matière brute. Les catégories de l'entendement sont construites en vue d'une action sur la matière. Ainsi , là où notre intellect cherche à connaître autre chose que le monde matériel, il se trouve incapable de le saisir. Toute l'histoire de l'évolution de la vie se combine pour montrer que l'intelligence est une fonction instrumentale d'action sur la matière, pour formuler et présenter les lois qui permettent de prévoir, et donc de devancer.

En traitant d'une réalité telle que la personnalité, l'intellect tentera d'abord de traiter le sujet avec les mêmes processus qu'il emploie pour la matière inerte, il se terminera donc dans une *impasse logique* . C'est là l'origine des difficultés de la question. Les concepts qu'elle appliquerait à la personnalité sont faits uniquement pour le monde matériel. Nous ne savons pas les appliquer adéquatement à la vie de l'esprit qui les déborde.

Diriger notre attention sur le flux de notre conscience le brise et l'immobilise. Mais on peut y parvenir par une autre forme d'introspection, qui consiste à laisser vivre, à tenter de renforcer la vitalité. De cette manière, l'activité peut devenir conscience sans cesser d'être active. Ainsi, l'ego peut être saisi tel qu'il est réellement, comme une transition et une continuité.

Dans sa théorie de l'évolution, Bergson établit une distinction nette entre l'intelligence et l'instinct. De même que l'intelligence a atteint son point culminant dans la race humaine, de même l'instinct a atteint son point culminant chez les fourmis, les abeilles et les guêpes. Nous voyons ici l'instinct parvenir à ses fins par l'emploi des expédients les plus variés et les plus compliqués. La fourmi est le maître du sous-sol comme l'homme est le maître du sol. Les guêpes solitaires, que Maeterlinck mépriserait en tant qu'individualistes primitifs par rapport aux abeilles socialisées, sont utilisées par Bergson pour illustrer sa théorie de l'instinct. Ces insectes subviennent aux besoins futurs de leurs larves en emmagasinant dans leur nid souterrain des araignées, des coléoptères ou des chenilles. Il faut les maintenir en vie, comme on élève les tortues et les homards, pour qu'ils soient frais, et pour les empêcher de s'échapper, la guêpe les paralyse en les piquant au(x) point(s) de rencontre des nerfs moteurs. Une espèce de guêpe perce les ganglions de sa chenille par neuf coups successifs de son aiguillon puis serre la tête dans ses mandibules, suffisamment pour provoquer une paralysie sans mort. D'autres espèces de guêpes doivent recourir à d'autres formes de traitement chirurgical, selon le type d'insecte qu'elles stockent. Comment cela peut-il être expliqué? Si nous appelons cela intelligence, nous devons supposer que la guêpe ou ses ancêtres ont été dotés d'une connaissance de l'anatomie des insectes telle que nous hésitons à l'attribuer à tout être inférieur dans l'échelle de la vie à un professeur d'entomologie. Si l'on adopte une hypothèse mécaniste, il faut supposer que cette merveilleuse compétence chirurgicale a été progressivement acquise au cours de milliers de générations, soit par la survie des descendants de ces insectes qui avaient planté leurs dards aux neuf bons endroits (Darwinisme), ou par l'héritage de l'habitude acquise de piquer une certaine espèce de chenille de cette manière particulière (Lamarckianisme). Mais comme cette connaissance ou cette habileté n'est jamais utile à l'insecte individuel et n'est d'aucune utilité à l'espèce jusqu'à ce qu'elle soit parvenue à un degré considérable de perfection, nous pouvons difficilement adopter l'une ou l'autre théorie sans forcer notre imagination.

Mais les difficultés supposées disparaissent si l'on adopte le point de vue bergsonien et considère la chenille et la guêpe comme deux parties d'un même processus. Il n'est donc pas étonnant qu'ils soient emboîtés. Les tueurs et les tués se sont développés dans ce but, et ce qui est apparemment un antagonisme est en réalité une coopération. L'importance de cette théorie pour ceux qui s'inquiètent de l'interprétation morale de l'univers est évidente, car la piqûre de la chenille équivaudrait à arracher un éclat de la main gauche par la droite, mais Bergson n'aborde pas cette question. du tout.

La formation de l'œil, qui suscite beaucoup de perplexité chez les évolutionnistes de toutes écoles, fournit à Bergson une excellente illustration de sa théorie. L'œil des mollusques a une forme similaire et une fonction identique à celle des vertébrés, mais les deux sont composés d'éléments différents et grandissent de manière différente. La rétine du vertébré est produite par une expansion du système nerveux central du jeune embryon. C'est, pour ainsi dire, une partie du cerveau qui sort pour voir. Chez le mollusque, au contraire, la rétine est formée à partir de la couche externe de l'embryon. Ici, l'hérédité est hors de question à cause de cette différence de formation et parce que l'homme ne descend pas du mollusque ni le mollusque de l'homme. La structure de l'œil implique la combinaison d'un si grand nombre d'éléments et doit satisfaire à tant de conditions avant d'être bonne à quoi que ce soit, qu'il est pratiquement impossible de l'expliquer soit comme l'effet de l'action de la lumière, soit comme le résultat de une accumulation de légères variations accidentelles.

Mais Bergson, arrivant avec sa foi philosophique au point où la science s'arrête, attire l'attention sur le fait que si l'œil est une structure complexe, voir est un acte simple. Pourquoi ne pas commencer notre explication par le simple plutôt que par le complexe ? La méthode analytique de l'intellect, bien qu'utile à sa place, ne nous conduit pas au sens de la réalité. C'est comme si l'on ne pouvait voir qu'un tableau fragmenté en mosaïque, ou comme si l'on ne pouvait considérer un mouvement de la main qu'à la manière du mathématicien, comme une série infinie de points disposés en courbe.

Ainsi l'œil, avec sa merveilleuse complexité de structure, n'est peut-être que le simple acte de vision, divisé *pour nous* en une mosaïque de cellules, dont l'ordre nous semble merveilleux parce que nous avons conçu le tout comme un assemblage.

Mécanisme et finalisme vont tous deux trop loin, car ils attribuent à la nature le plus redoutable des travaux d'Hercule en prétendant qu'elle a élevé jusqu'au simple acte de vision une infinité d'éléments infiniment complexes, alors que la nature n'a eu plus de peine à en faire un. œil que j'ai en levant la main. L'acte simple de la nature s'est divisé automatiquement en une infinité d'éléments qui se sont alors avérés coordonnés à une idée, tout comme le mouvement de ma main a laissé tomber une infinité de points qui se sont alors avérés satisfaire une équation. — "Évolution créatrice " . , p. 90-91.

Bergson semble né pour être une exception à la critique d'Amiel à l'égard de la philosophie française : « Les Français manquent de cette faculté intuitive à laquelle se révèle l'unité vivante des choses. » "Leur logique ne dépasse jamais la catégorie du mécanisme, ni leur métaphysique le dualisme."

La résidence de M. Bergson est la villa Montmorency à Auteuil, un quartier tranquille de Paris, situé entre la Seine et le bois de Boulogne. En été, il se rend en Suisse pour une plus grande solitude et pour stimuler sa pensée en raison d'une altitude plus élevée. Ici, j'ai eu le plaisir de passer un après-midi avec lui. De Genève, où je logeais, j'ai pris le chemin de fer qui longe le lac par l'ouest jusqu'à Nyon , ancienne ville romaine au pied de la Dole, le plus haut sommet du Jura suisse. Saint- Cergue , ma destination, se trouvait à neuf milles à l'intérieur des terres et à un demi-mille en hauteur. La distance que je devais parcourir était donc la racine carrée de la somme des carrés de ces distances, mais je ne l'ai pas compris, car, selon Bergson, nous vivons dans le temps plutôt que dans l'espace, et la durée n'est pas une mesure de longueur. Je peux donc seulement dire que ce fut l'une des hypoténuses les plus longues et les plus agréables que j'ai jamais traversées. Car il y avait un sentiment d'exaltation à monter toujours plus haut alors que la voiture zigzaguait à travers les bois, et à avoir une vue plus grandiose à chaque fois que nous nous arrêtions à un virage pour céder la place à une automobile qui montait lentement ou descendait rapidement. Arrivé au petit village de Saint- Cergue , il me restait encore une montée et une recherche parmi les hôtels, pensions et résidences d'été disséminées à flanc de montagne pour trouver la Villa Bois -gentil. On a trouvé au milieu d'une prairie adossée à une forêt de sapins, une maison carrée à deux étages, meublée simplement mais sans affectation de rusticité, comme il est courant dans les maisons de campagne américaines. Depuis le porche fermé , on a une vue magnifique sur le Mont Blanc, avec le long croissant bleu du lac Léman qui s'enroule autour des remparts de sa base. Mais, comme c'est le cas pour de nombreuses autres vues suisses, l'effet est gâché par la présence d'une grande boîte d'hôtel au premier plan immédiat.

On aurait pu croire, à la cordialité de mon accueil, qu'un philosophe n'avait rien de mieux à faire que de divertir un journaliste américain errant. Au déjeuner, j'ai eu l'occasion de rencontrer également Madame et Mademoiselle Bergson, puis d'avoir une longue conversation avec le professeur Bergson, qui m'a ensuite accompagné sur le sentier de montagne escarpé menant au village et le long de la route sinueuse à travers les bois. Sa conversation a le charme de ses livres, l'enthousiasme pour la mission de la philosophie, la richesse des illustrations tirées de nombreux domaines de la science et de l'art, la fraîcheur et l'inspiration de son point de vue romanesque, la franchise dans l'examen des arguments opposés, la manière simple et sans prétention, l'absence de la jalousie professionnelle et de l'arrogance personnelle qui ont caractérisé de nombreux penseurs originaux. Le lecteur remarquera que dans ses critiques des systèmes philosophiques historiques, il ne cherche jamais à les renverser, mais essaie toujours de voir quelle quantité d'entre eux il peut sauvegarder et assimiler. Il croit qu'il est possible que la métaphysique connaisse un développement continu et positif comme les sciences naturelles, chaque homme s'appuyant sur ce qui a précédé, au lieu de fonder une nouvelle école et de s'efforcer de s'assurer un public personnel. [2]

J'ai pris la liberté d'adresser au professeur Bergson une invitation en Amérique, car j'ai pu l'assurer d'un accueil chaleureux en raison du profond intérêt déjà porté ici à sa pensée. Les travaux de James et Dewey ont ouvert la voie à Bergson dans ce pays, car sa philosophie peut être considérée comme un système constructif fondé sur une critique pragmatique. En effet, il a été accusé par ses adversaires d'avoir volé la psychologie yankee et d'en avoir fait une métaphysique. La vérité est que James et Bergson ont poursuivi pendant de nombreuses années des lignes de pensée de tendance similaire mais de développement indépendant, bien que chacun ait saisi à plusieurs reprises l'occasion d'exprimer son appréciation du travail de l'autre. Il s'agit d'un cas de parallélisme psycho-métaphysique plutôt que d'interaction.

En février 1913, le professeur Bergson vint en Amérique à l'invitation de l'Université de Columbia et donna deux séries de conférences, l'une en français et l'autre en anglais, sur la Spiritualité *et Liberté* et la Méthode de la Philosophie. On aurait des raisons de remettre en question l'affirmation commune selon laquelle on ne s'intéresse plus aujourd'hui aux problèmes métaphysiques quand on voit les salles de cours remplies de gens de la ville ainsi que d'étudiants de tous les départements de l'université. Une file d'automobiles attendait le long de Broadway, comme les civières attendaient dans les rues de Rome lorsque Plotin, le néoplatonicien, vint y donner une conférence il y a mille sept cents ans. Ceux qui ne pouvaient pas mendier, acheter ou emprunter un billet d'entrée formaient une file devant la porte, espérant que ceux qui avaient des billets ne se présenteraient pas, mais cela n'arrivait pas souvent. Une lunette fut découverte au-dessus de la porte qui commandait la salle de conférence, et ici se rassemblait un groupe compact d'exclus, trouvant place pour un œil ou une oreille chacun, mais l'évanouissement d'une dame dans la cohue mit un terme à ce privilège. Dans les grands magasins du centre-ville, les livres de Bergson étaient empilés sur le comptoir des « best-sellers ». Son éditeur américain a vendu en deux ans deux fois moins d'exemplaires de "Creative Evolution" qu'il n'en avait vendu en France en quinze. Pourtant Bergson est un prophète non sans honneur dans son propre pays. Les trois semaines qu'il passa ici furent si chargées d'engagements qu'il dut se conformer à un horaire aussi proche que celui d'un chemin de fer. Au moment de partir, j'ai posé au professeur Bergson la banale question de savoir ce qu'il pensait de l'Amérique. Il répondit : "Je me souviendrai toujours de l'Amérique comme du pays des conversations interrompues. J'ai rencontré tant de personnes intéressantes avec qui j'aimerais parler, mais quelqu'un d'autre tout aussi intéressant surgit."

M. Bergson croit qu'il est possible de rendre toute idée philosophique claire et acceptable pour la multitude. En cela, il diffère évidemment des autres philosophes, dont beaucoup ne pensent pas que cela soit possible et dont certains ne pensent pas que cela soit souhaitable. Mais pour conquérir un public plus large, l'auteur doit apporter une grande attention à son style. Le problème des traductions est que le swing, le rythme, peut être perdu ou altéré, ce qui est essentiel à l'impression ainsi qu'aux mots justes. Je lui ai parlé de la difficulté de trouver un équivalent anglais exact d' *élan vital* , qui est le mot clé de son "Evolution créatrice ", et il m'a répondu qu'il pensait que "impetus", le mot choisi par le Dr Arthur Mitchell dans son traduction de l'œuvre, était meilleure que toutes les autres qui avaient été suggérées, telles que « impulsion », « élan », « mouvement », « onrush », « push », « force » et « urge ».

La méthode de composition de M. Bergson s'appuie sur sa théorie du style. En entreprenant un nouveau livre, il consacre autant d'années que nécessaire à la maîtrise de la littérature sur le sujet et au développement de ses idées. Puis, quand il commence à composer, il met de côté tous ses livres et notes, et écrit à un rythme effréné afin de rédiger le livre aussi fidèlement que possible sous la forme qu'il avait à un moment donné, en notant ses pensées. aussi rapidement qu'ils viennent, souvent sous forme de phrases et de mots fragmentaires, afin de ne pas interrompre le mouvement de son esprit. Puis après avoir couché sur papier l'essentiel de son thème avec son élan originel, il se consacre au long processus de révision, de vérification et de correction.

À l'art sous toutes ses formes, Bergson a accordé une grande place dans sa philosophie. Le petit livre dans lequel il l'a évoqué, « Le Rire », n'est pas autant une digression par rapport à sa pensée fondamentale qu'il y paraît. Il explique que le ridicule s'est développé comme une méthode de contrôle social, pour mettre les gens au rang, pour les punir pour leur mépris volontaire ou distrait des usages sociaux. Le rire est incompatible avec l'émotion. Le comique s'adresse à l'intelligence pure. Une plaisanterie ne peut être perçue que lorsque le cœur subit une anesthésie momentanée . Il n'y a rien de comique à part les êtres humains. L'homme a été défini comme « l'animal qui rit ». C'est aussi le seul animal risible. L'homme devient ridicule quand on le considère d'un point de vue intellectualiste ; c'est-à-dire en tant que machine. Les attitudes, les gestes et les mouvements du corps humain sont risibles dans la mesure exacte où ils nous paraissent mécaniques. Nous rions toujours lorsque les personnes ressemblent à des choses.

La portée de cette théorie du ridicule sur sa philosophie est si évidente qu'il n'a pas besoin de l'énoncer. Bergson, lui aussi, pourrait utiliser le ridicule comme une arme et se moquer du déterminisme en dehors du tribunal. L'homme des mécanistes serait drôle comme un diable à ressort.

Dans le même volume, il donne sa vision de la fonction de l'art, dont quelques phrases peuvent être citées ici :

Quel est l'objet de l'art ? Si la réalité frappait directement nos sens et notre conscience ; si nous pouvions entrer en communication immédiate avec les choses et entre nous, je crois que l'art serait inutile, ou plutôt que nous serions tous artistes, car nos âmes vibreraient alors continuellement à l'unisson de la nature. Nos yeux, aidés par notre mémoire, découperaient dans l'espace et fixeraient dans le temps des images inimitables. Notre regard saisirait au passage, sculptés dans le marbre vivant du corps humain, des morceaux de statuaire aussi beaux que ceux de l'Antiquité. Nous entendrions chanter au plus profond de notre âme comme une musique, parfois gaie, plus souvent plaintive, toujours originale, la mélodie ininterrompue de notre vie intérieure. Tout cela est autour de nous, tout cela est en nous, et pourtant rien de tout cela ne nous est perçu distinctement. Entre la nature et nous – que dis-je ? – entre nous et notre propre conscience, un voile s'interpose, un voile épais pour l'homme ordinaire, un voile fin, presque transparent, pour l'artiste et le poète. Quelle fée a tissé ce voile ? Était-ce par malveillance ou par convivialité ? Il faut vivre, et la vie exige que nous appréhendions les choses par rapport à nos besoins. Vivre consiste à agir. Vivre, c'est ne recevoir des objets que l' impression *utile* pour y répondre par les réactions appropriées ; les autres impressions doivent s'effacer ou ne nous parvenir que confusément. Je regarde et je crois voir, j'écoute et crois entendre, je m'étudie et je crois lire jusqu'au fond de mon cœur. Mais ce que je vois et ce que j'entends du monde extérieur, c'est simplement ce que mes sens en extraient pour éclairer ma conduite ; ce que je connais de moi, c'est ce qui coule à la surface, ce qui participe à l'action. Mes sens et ma conscience ne me donnent qu'une simplification pratique de la réalité.

Ainsi, qu'il s'agisse de la peinture, de la sculpture, de la poésie ou de la musique, l'art n'a d'autre but que de dissiper les symboles pratiquement utiles, les généralités conventionnellement et socialement acceptées, bref tout ce qui nous masque la réalité, pour nous mettre face à face . avec la réalité elle-même. C'est un malentendu sur ce point qui a donné naissance au débat entre réalisme et idéalisme en art. L'art n'est certainement qu'une vision plus directe de la réalité. Mais cette pureté de perception implique une rupture avec les conventions utiles, un désintéressement inné et spécialement localisé du sens ou de la conscience, bref une certaine immatérialité de la vie qui est ce qu'on a toujours appelé l'idéalisme. On pourrait donc dire, sans jouer le moins du monde sur le sens des mots, que le réalisme est dans l'œuvre quand l'idéalisme est dans l'âme, et que c'est par la seule force de l'idéalité qu'on peut reprendre contact avec la réalité.

Outre l'art, il existe diverses autres manières de retrouver et de renforcer la faculté d'intuition, qui s'est atrophiée par une dépendance trop exclusive à l'égard de processus rationnels. Il y a par exemple l'action, la vie elle-même, le sens de vivre, qui nous met en contact immédiat avec la réalité. Avec l'aide de la science, de l'art et de la philosophie, nous pouvons parvenir à la sympathie, à un sentiment de parenté avec la nature, à une conscience de l'interpénétration, à une prise de conscience du sens de l'évolution. La philosophie a avant tout ce but et ce pouvoir de développer une autre faculté, complémentaire à l'intellect, qui nous ouvrira une perspective sur l'autre moitié de la réalité, non susceptible de se confiner dans les formules rigides de la logique déductive.

Il y a des choses que seule l'intelligence est capable de chercher mais qu'elle ne trouvera jamais seule. Ces choses, l'instinct seul peut les trouver, mais il ne les cherchera jamais.

L'intelligence et l'instinct sont tournés dans des directions opposées, la première vers la matière inerte, la seconde vers la vie. L'intelligence, par la science, qui est son œuvre, nous livrera de plus en plus complètement le secret des opérations physiques ; de la vie, elle nous apporte, et ne prétend d'ailleurs que nous apporter, une traduction en termes d'inertie. Elle parcourt la vie, en prend du dehors le plus grand nombre de vues possible, l'attire en elle au lieu d'y entrer. Mais c'est à l'intériorité même de la vie que mène *l'intuition* — j'entends par intuition l'instinct devenu désintéressé, conscient de lui-même, capable de réfléchir sur son objet et de l'élargir indéfiniment.

On voit que l'intellect, si habile à s'occuper de l'inerte, est maladroit dès qu'il touche le vivant. Qu'il s'agisse de la vie du corps ou de la vie de l'esprit, il procède avec la rigueur, la raideur et la brutalité d'un instrument non conçu pour un tel usage. L'histoire de l'hygiène ou de la pédagogie nous apprend beaucoup en la matière.

Dans le système de Bergson, la métaphysique occupe la même place que dans les œuvres d'Aristote. La métaphysique est simplement ce qui est au-delà de la physique, et non quelque chose qui lui est antagoniste. Il n'a pas, comme beaucoup de philosophes modernes, méprisé la psychologie physiologique. Au contraire, il l'a maîtrisé et bâti sur cette base. C'est la raison, je pense, pour laquelle ses idées ont été si rapidement acceptées. Il est aussi absurde pour un philosophe d'aujourd'hui de tenter de se limiter aux données accessibles à Platon qu'il le serait pour un mathématicien de tenter de résoudre les problèmes de la physique moderne en utilisant les méthodes d'Euclide.

Bergson a appliqué sa théorie des relations entre l'esprit et le cerveau à l'explication du mécanisme du rêve, dans un discours devant l' *Institut psychologique* le 28 mars 1901. [3] Il montra ici comment les sensations obscures de la vue, du toucher et de l'ouïe qui nous parviennent même pendant le sommeil fournissent la base de nos rêves, et comment nos souvenirs s'inscrivent dans ce cadre, de sorte que le processus est similaire à celle de la perception ordinaire sauf que la faculté critique est moins vigilante qu'à l'état de veille. Ainsi, la lumière qui brille sur les yeux fermés peut donner lieu à un rêve de feu, et la position couchée et l'absence de pression sur la plante des pieds qui en résulte nous donnent l'idée de flotter dans les airs. Le passage suivant de cet article sur les rêves est particulièrement intéressant, car Bergson y expose la théorie que Freud et son école ont depuis lors développée et, dans de nombreux cas, poussée jusqu'à l'extravagance, la théorie selon laquelle nos souvenirs sont stockés dans un état de tension comme la vapeur dans une chaudière, et peut s'élever à la conscience sous diverses formes lorsque la vigilance de l'individu est relâchée :

Nos souvenirs, à un instant donné, forment un tout solide, une pyramide pour ainsi dire, dont la pointe s'insère précisément dans notre action présente. Mais derrière les souvenirs qui interviennent dans nos occupations et se révèlent grâce à eux, il y en a d'autres, des milliers d'autres, stockés sous la scène éclairée par la conscience. Oui, je crois en effet que toute notre vie passée est là, préservée jusque dans les moindres détails, et que nous n'oublions rien, et que tout ce que nous avons ressenti, perçu, pensé, voulu, depuis le premier éveil de notre conscience, survit. indestructible. Mais les souvenirs qui se conservent dans ces profondeurs obscures sont là à l'état de fantômes invisibles. Ils aspirent peut-être à la lumière, mais ils ne tentent même pas de s'y élever ; ils savent que c'est impossible et que moi, en tant qu'être vivant et agissant, j'ai autre chose à faire que de m'occuper d'eux.

Mais supposons qu'à un moment donné je me *désintéresse* de la situation présente, de l'action présente, bref de tout ce qui auparavant a fixé et guidé ma mémoire ; supposons, en d'autres termes, que je dors. Alors ces souvenirs, s'apercevant que j'ai enlevé l'obstacle, soulevé la trappe qui les maintenait sous le plancher de la conscience, surgissent des profondeurs ; ils se lèvent, ils bougent, ils exécutent dans la nuit de l'inconscience une grande danse macabre. Ils se précipitent ensemble vers la porte restée entrouverte. Ils veulent tous s'en sortir. Mais ils ne le peuvent pas ; il y en a trop. Parmi les multitudes appelées, laquelle sera choisie ? Ce n'est pas difficile à dire. Autrefois, lorsque j'étais éveillé, les souvenirs qui s'imposaient étaient ceux qui pouvaient impliquer des revendications de relation avec la situation présente, avec ce que je voyais et entendais autour de moi. Or ce sont des images plus vagues qui occupent ma vue, des sons plus indécis qui affectent mon oreille, des touches plus indistinctes qui se répartissent à la surface de mon corps, mais il y a aussi des sensations plus nombreuses qui naissent des parties les plus profondes de l'organisme. Ainsi donc, parmi les souvenirs fantômes qui aspirent à se remplir de couleur, de sonorité, bref de matérialité, les seuls qui réussissent sont ceux qui peuvent s'assimiler à la poussière de couleur que nous percevons, aux sensations externes et internes que nous percevons. on capte, etc., et qui, d'ailleurs, répondent au ton efficace de notre sensibilité générale. Lorsque cette union s'effectue entre le souvenir et la sensation, nous avons un rêve.

Bergson peut être qualifié d'homme aux trois livres, si l'on ignore le « Rire », qui n'est qu'un arc-boutant de son système. Dans le premier, connu en anglais sous le nom de « Time and Free Will », il développe sa théorie de la durée vitale par opposition au temps physique, qui a été le fil conducteur de toute sa réflexion ultérieure. Ce volume, achevé en 1887, est le résultat d'une étude de quatre années sur les conceptions physiques, psychologiques et métaphysiques du temps et de l'espace. Pour le deuxième livre, traitant de la relation de l'esprit au cerveau, il a fallu maîtriser la volumineuse littérature sur le sujet, en particulier les recherches cliniques et expérimentales sur l'aphasie et la localisation fonctionnelle. Cela nécessita neuf années d'études, incarnées dans "Matière et mémoire", paru en 1896. Dans la préparation du troisième livre , il consacra onze ans à l'étude de la biologie et publia "Évolution créative" en 1907. Selon ce taux d'augmentation , on pourrait espérer son quatrième volume en 1923, mais il serait évidemment injuste d'appliquer à M. Bergson lui-même le déterminisme mathématique qu'il répudie.

J'attire l'attention sur cette étude préliminaire des sciences, car il existe un risque que la tendance anti-intellectualiste du mouvement pragmatique conduise à méconnaître l'importance de la recherche scientifique. Ce danger est réel et présent, comme l'a montré le rapport Binet sur l'enseignement de la philosophie, évoqué plus haut. Certains professeurs se plaignaient de ce que leurs étudiants, sous l'influence des idées de Bergson, en étaient venus à mépriser les méthodes fastidieuses et laborieuses de la science expérimentale, estimant que la science ne nous donne pas la réalité et supposant que, même si la science est suffisamment bonne, pour les mécaniciens et les médecins, elle est indifférente aux philosophes.

Lorsque ce point fut mis en discussion à la *Société française de Philosophie* , M. Bergson fit une réponse indignée, déclarant que dans les théories qu'on lui prêtait, il ne reconnaissait rien de ce qu'il avait enseigné ou écrit. Il n'a jamais méprisé la science ni l'a subordonnée à la métaphysique.

Les mathématiques, par exemple, qu'en ai-je dit ? Que, si grand que soit le rôle qu'y joue l'imagination créatrice, elle ne doit pas perdre de vue l' espace et la matière ; que la matière et l'espace sont des réalités ; cette matière est alourdie par la géométrie ; que la géométrie n'est donc pas un simple jeu mais un véritable point de contact avec l'absolu. J'attribue la même valeur absolue aux sciences physiques. Il est vrai qu'ils énoncent des lois dont la forme aurait été différente si d'autres variables, d'autres unités de mesure avaient été choisies, et surtout si les problèmes avaient été posés chronologiquement dans un ordre différent. Mais tout cela est dû au fait que nous sommes obligés de décomposer la nature et d'examiner un à un les problèmes qu'elle nous pose. En réalité, la physique aspire à l'absolu, et elle se rapproche de plus en plus à mesure qu'elle avance de cette limite idéale. Je voudrais savoir s'il existe, parmi les conceptions modernes de la science, une théorie qui valorise davantage la science positive. La plupart d'entre eux nous présentent la science comme étant entièrement relative à l'intelligence humaine. Je considère au contraire que c'est la réalité elle-même, la réalité absolue, que les sciences mathématiques et physiques tendent à nous révéler. La science ne commence à devenir relative, ou plutôt symbolique, que lorsqu'elle aborde du côté physico-chimique les problèmes de la vie et de la conscience. Mais même ici, c'est tout à fait légitime. Il ne reste plus qu'à la compléter par une étude d'un autre genre, celle de la métaphysique. Bref, toutes mes recherches n'ont eu d'autre but que de rapprocher *la* métaphysique et la science et de consolider l'une avec l'autre sans rien sacrifier de l'une ou de l'autre, après avoir préalablement clairement distingué l'une de l'autre.

Ce langage franc et emphatique devrait dissiper de nombreuses idées fausses actuelles sur la philosophie de Bergson. Maintenant qu'il a posé ses principes fondamentaux, on peut espérer qu'il abordera ensuite leurs applications à l'interprétation de l'histoire et aux problèmes de conduite. S'il ne le fait pas lui-même, d'autres le feront à sa place, et sans doute pas toujours selon ses intentions. En fait, ils le font déjà. En France, le bergsonisme n'est pas une spéculation académique, mais une force active dans certains des mouvements les plus importants de l'époque. On parle d'un art bergsonien et d'une littérature bergsonienne ainsi que d'un catholicisme bergsonien et d'un mouvement ouvrier bergsonien . Les deux derniers mentionnés sont particulièrement intéressants car ils montrent l'influence de ses vues nouvelles sur les esprits les plus divers. Tout comme il y avait des hégéliens de droite et des hégéliens de gauche, il existe désormais deux ailes du bergsonisme , la conservatrice étant les modernistes et la radicale les syndicalistes.

On a rarement vu un tel élan d'enthousiasme pour la pensée métaphysique que celui des néo-catholiques français. La philosophie pragmatique, en particulier les « Variétés d'expérience religieuse » de James, a ouvert la voie à une nouvelle apologétique chrétienne basée sur l'expérience vivante, plutôt que sur un raisonnement abstrait. Les jeunes catholiques tournèrent leur attention vers les saints plutôt que vers les théologiens et trouvèrent l'inspiration dans une nouvelle étude des mystiques catholiques. Dans une conception de la vérité comme croissance, comme convergence idéale de croyances bénéfiques, plutôt que comme limite statique, et dans une conception de l'histoire comme processus progressif de vérification, ils atteignirent un point de vue qui leur permit de conserver leur identité ecclésiastique. patrimoine et en même temps d'accepter la générosité de la science moderne. Mais de telles spéculations ont été jugées dangereuses par le Vatican, et le mouvement a été écrasé, dans la mesure où un mouvement d'une telle vigueur et vitalité peut être écrasé, par l'Encyclique et le Syllabus publiés par Pie X en 1907, et par le serment anti-moderniste qui a été prononcé. imposée plus tard. [4] Cela a été suivi en 1914 par le placement des œuvres de Bergson dans l'Index des livres interdits qu'aucun bon catholique ne peut lire sans la permission expresse de son conseiller spirituel.

À l'extrême opposé se trouvent les syndicats, dont le pouvoir a été souvent démontré ces dernières années, mais dont les objectifs et les idéaux sont encore indéterminés et vagues. Jusqu'à présent, c'est la Volonté et non l'Idée qui se manifeste dans le mouvement ouvrier révolutionnaire, pour reprendre les termes schopenhaueriens. Mais prenant conscience de la nécessité d'une justification philosophique, ils se sont emparés d'un côté de la doctrine de Bergson et ont déclaré l' *élan ouvrier* frère de l' *élan vital*, ou une partie de celui-ci. Leur phraséologie flamboyante rappelle celle de 1793 : « Le Collège de France collabore avec la Bourse du Travail » et « La flûte de la méditation personnelle s'harmonise avec les trompettes de la révolution sociale ». Les syndicalistes, comme les modernistes, ont leur révolte contre les dogmes, contre les mots d'ordre du républicanisme comme contre les formules rigides du marxianisme , contre toute tentative d'enfermer l'avenir dans le passé et d'imposer un déterminisme aux conduites. Et lorsqu'il s'agit de faire respecter la conformité – ou plutôt l'uniformité – de la profession, il n'y a pas beaucoup de différence entre le pape et le parti. [5]

Il est inutile de dire que M. Bergson n'enseigne ni le catholicisme ni la révolution, et qu'il ne peut être tenu responsable de toutes les diverses applications de ses idées à la vie pratique. Je mentionne ces extrêmes uniquement pour montrer l'étendue de leur influence réelle. Quel que soit le sort de la philosophie de Bergson, nous pouvons être sûrs qu'elle ne laissera pas le monde tel qu'il l'a trouvé. C'est une force avec laquelle il faut compter en tout état de cause, dans le domaine de l'action comme dans celui de la raison pure.

Très peu de références à des questions controversées en matière de religion, de sociologie et d'éthique peuvent être trouvées dans ses œuvres, et comme il préfère utiliser un vocabulaire nouveau, propre et non conventionnel, il ne peut être rangé dans aucune des cases fournies à l'avance par les historiens. de philosophie. A la demande d'une brève formulation de sa philosophie, un bergsonien indigné rétorque : « Pouvez-vous mettre en formule « Pelléas et Mélisande » de Maeterlinck ?

Les post-impressionnistes et les futuristes aiment attribuer leurs nouvelles idées artistiques à Bergson, mais il n'est pas disposé à en assumer la responsabilité. Quand je l'ai interrogé à ce sujet, il m'a répondu qu'il n'avait encore jamais pu découvrir sa philosophie dans leurs peintures, et qu'en outre il était toujours sceptique à l'égard d'un mouvement où la théorie était si en avance sur la pratique.

Il est évident que l'adoption du principe pragmatique, notamment sous sa forme bergsonienne extrême , modifierait radicalement notre vision du passé et obligerait à une réécriture ou du moins à une relecture de l'histoire. Si l'histoire ne se répète jamais, quelle est sa leçon pour nous ? Il n'est certainement pas compétent pour prédire notre avenir, et encore moins pour prescrire nos actions. La meilleure expression de ce qui me semble être les déductions éthiques légitimes de la philosophie de Bergson se trouve dans les brillants essais de LP Jacks. Selon le rédacteur en chef du *Hibbert Journal* , la moralité la plus élevée consiste, non pas à suivre les règles établies, mais à s'élever volontairement vers un niveau supérieur. Le véritable acte moral est original, créatif, inédit. Qu'aurait dit l'auteur de "Folk-ways", pour qui le conformisme était la seule morale, à ce qui suit :

" Si les hommes s'étaient toujours limités à l'accomplissement des actions pour lesquelles le mandat de la science morale était alors disponible, de nombreux crimes n'auraient peut-être pas été commis, mais il est douteux que le monde contienne le témoignage d'un seul noble. Nous ne saurions trop nous rappeler que la connaissance scientifique la plus complète de ce qui a été fait jusqu'à présent ne nous permettra jamais de répondre à la question : « Que faut-il faire ensuite ?

"Le sujet de la science et le sujet de la moralité sont entièrement différents et, dans un sens, opposés : le premier est l'acte accompli, le second est l'accomplissement d'un acte à venir.

« La conscience bien comprise n'est pas une faculté de jugement abstrait établissant des propositions sur ce qui devrait et ne devrait pas être fait ; ce n'est pas une « voix », même si nous l'appelons souvent ainsi, nous ordonnant de faire ceci ou cela ; c'est plutôt une « voix » *élan vital* , une impulsion, un principe actif, voire la bonne *Volonté* elle-même. "—" Alchemy of Thought ", par LP Jacks, pp. 260, 287.

Parmi les nombreux disciples de Bergson, nul n'est plus enthousiaste ou plus sympathique qu'Edouard Le Roy, catholique moderniste - si cela, depuis l'encyclique, n'est pas une contradiction dans les termes - qui a été pendant de nombreuses années en contact étroit avec Bergson et a été particulièrement intéressé par les applications religieuses et éthiques de ses théories. Son introduction à la philosophie de Bergson est donc utile, non seulement parce qu'elle donne un exposé bref et compétent des idées de Bergson, car le débutant trouverait probablement tout aussi profitable et agréable de lire le même nombre de pages de "Creative Evolution", mais surtout car M. Le Roy est en quelque sorte un porte-parole autorisé, et on peut ainsi se faire une idée des opinions de Bergson sur des questions sur lesquelles il ne s'est pas encore exprimé. Par exemple, Bergson, dans tous ses livres, ne traite jamais de religion, même s'il est évident que sa philosophie a la relation la plus étroite avec la religion sous de nombreux aspects. Le Roy, cependant, n'est pas si réticent, et il termine le volume par le passage remarquable suivant :

"Au plus profond de nous-mêmes, nous trouvons la liberté; au plus profond de l'être universel, nous trouvons une exigence de création. L'évolution étant créatrice, chacun de ses moments travaille à la production d'un avenir indéductible et transcendant. Cet avenir ne doit pas être considéré comme simple développement du présent, simple expression de germes déjà donnés, nous n'avons donc aucune autorité pour dire qu'il n'y a pour toujours qu'un seul ordre de vie, qu'un seul plan d'action, qu'un seul rythme de durée, qu'une seule perspective d'existence . Et si des déconnexions et des sauts brusques sont visibles dans l'économie du passé – de la matière à la vie, de l'animal à l'homme – nous n'avons aucune autorité pour prétendre que nous ne pouvons pas observer aujourd'hui quelque chose d'analogue dans l'essence même de la vie humaine. que le point de vue de la chair, et le point de vue de l'esprit, le point de vue de la raison et le point de vue de la charité en sont une extension homogène. Et en dehors de cela, prenant la vie dans sa tendance première , et dans la direction générale de son courant, c'est ascension, croissance, effort ascendant et œuvre de création spiritualisante et émancipatrice : par là nous pourrions définir le Bien, car le Bien est un chemin plutôt qu'une chose.

« Mais la vie peut échouer, s'arrêter ou descendre... Chaque espèce, chaque individu, chaque fonction tend à se prendre pour fin ; le mécanisme, l'habitude, le corps et la lettre, qui sont à proprement parler de purs instruments, deviennent en réalité Il arrive ainsi que la vie s'épuise en efforts de conservation, se laisse transformer par la matière en tourbillons captifs, s'abandonne même parfois à l'inertie du poids qu'elle devrait soulever, et s'abandonne aux principes de la mort . courant descendant qui constitue l'essence de la matérialité : c'est ainsi que se définirait le Mal, comme le sens de marche opposé au Bien. Or, chez l'homme apparaissent la pensée, la réflexion et la conscience claire. En même temps apparaissent aussi les qualifications proprement morales . ; le bien devient devoir, le mal devient péché. A ce moment précis, un nouveau problème commence, exigeant les sondages d'une nouvelle intuition, mais connecté par des points clairs et visibles avec des problèmes antérieurs.

"C'est la philosophie dont certains se plaisent à dire qu'elle est fermée par nature à tous les problèmes d'un certain ordre, problèmes de raison ou problèmes de morale. Il n'y a pas de doctrine, au contraire, qui soit plus ouverte, et aucune qui, en en réalité, se prête mieux à une extension ultérieure. »

J'ai cité tout cela dans son intégralité parce que le professeur Bergson l'a approuvé dans les termes les plus clairs. Dans une lettre à M. Le Roy à propos du livre, il dit :

Votre étude ne pourrait pas être plus consciencieuse ou fidèle à l'original. Nulle part cette sympathie n'est plus évidente que lorsque vous soulignez les possibilités de développements ultérieurs de la doctrine. Dans ce sens, je devrais moi-même dire exactement ce que vous avez dit.

Le passage cité plus haut du livre de M. Le Roy a donc presque la signification d'une déclaration signée. On a observé que dans ses conférences à New York, le professeur Bergson était beaucoup plus franc qu'auparavant dans ses opinions sur les questions religieuses ; comme, par exemple, lorsqu'il répondit affirmativement à la question de savoir s'il croyait ou non à l'immortalité. On peut prévoir que son travail futur portera sur le développement de sa philosophie dans le sens indiqué par M. Le Roy, même si l'on peut s'attendre — à en juger par ses livres antérieurs — à ce que cela prenne la forme, et non la formulation d'un nouveau code moral, mais de la découverte d'une nouvelle manière de considérer la vie et d'évaluer l'action.

Jusqu'à récemment, la marche triomphale de Bergson vers une popularité et une influence croissantes n'a rencontré que peu d'opposition systématique. Certains l'ont trouvé obscur. Certains l'ont qualifié d'absurde. Il a ses partisans dévoués et ses opposants acharnés. Mais ses opinions n'ont pas encore fait l'objet des critiques approfondies qu'elles recevront inévitablement tôt ou tard. Un pas dans cette direction est l'étude du mouvement pragmatique par René Berthelot. Le premier volume de son « Romantisme utilitaire » traite du pragmatisme de Nietzsche et de Poincaré ; le second avec le pragmatisme de Bergson. L'auteur, à la manière des historiens de la philosophie, est plus soucieux de déterminer ce qu'il y a de nouveau chez Bergson que ce qui est vrai. Il s'inspire de l'ancienne règle militaire « diviser pour mieux régner » et divise en conséquence le bergsonisme en romantisme allemand et utilitarisme anglo-saxon, puis il procède à leur répartition séparément de la manière orthodoxe. Cette procédure pose en quelque sorte la question, car elle nie implicitement la thèse bergsonienne selon laquelle il pourrait y avoir quelque chose de nouveau dans le monde. Retracer une chose jusqu'à ses racines est une très bonne chose, à condition de ne pas supposer que les racines sont tout ce qu'il y a de la plante qui en est issue.

En retraçant cette généalogie de la pensée, M. Berthelot retrouve Bergson apparenté à Nietzsche du côté romantique. Tous deux, dit-il, tirent leur romantisme de Schelling ; Bergson, à travers son vénéré professeur

Ravaisson , et Nietzsche à travers Hoelderlin , Emerson, Schopenhauer et Wagner. "Comme les symbolistes, Nietzsche et Bergson ont bu dans des coupes différentes l'eau de la même fontaine magique ; une Viviane invisible les a liés tous deux dans le même enchantement."

De l'autre côté de la maison – pourrions-nous dire le côté masculin ? – Bergson tirait son empirisme utilitaire ; M. Berthelot fait remonter sa descendance de Berkeley à Hume, Mill, Bain et Spencer. Au cours de cette discussion, l'auteur introduit la formule ingénieuse suivante :

Hobbes : Berkeley :: Nietzsche : Bergson.

Ceux qui sont suffisamment experts dans l'application de la règle de trois à la métaphysique peuvent y parvenir à leur guise.

On pourrait supposer, selon les principes mendéliens, qu'un hybride d'ascendance intellectuelle aussi diversifiée et distinguée ferait preuve de plus d'originalité que ce que Berthelot est prêt à accorder à Bergson. Au terme de son analyse , il arrive à la conclusion que Bergson n'a apporté en réalité qu'une seule contribution importante à la philosophie ; c'est-à-dire sa conception de la durée par opposition au temps. De même que Berkeley, en analysant l'idée d'espace, a montré comment l'espace psychologique, c'est-à-dire la notion d'espace dérivée de la sensation, différait de l'espace mathématique ou formel, de même Bergson a montré comment la durée concrète ou le temps psychologique diffère du temps mathématique ou formel. Mais même cette théorie selon notre auteur est mal appliquée par Bergson, car il ne s'agit pas d'une opposition entre l'espace et le temps, mais entre deux conceptions différentes de l'espace et du temps. Ceci est caractéristique de la critique de Berthelot, qui vise principalement à briser sur toute la ligne la dichotomie à laquelle s'adonne Bergson.

Les compétences littéraires et l'incroyable popularité de Bergson semblent l'agacer, tout comme d'autres professeurs de philosophie dans divers pays. Chaque fois que Berthelot présente à Bergson un paquet de compliments, on peut déceler une ortie cachée dans le bouquet, comme lorsqu'il fait allusion à Bergson comme "le Debussy de la philosophie contemporaine", et il dit qu'avec une floraison de style croissante, le nombre des *bergsoniennes* est parvenu à surpasser celui des *bergsoniens* . Mais qu'une philosophie devienne à la mode me semble plutôt honorable aux yeux du public que discréditable à son auteur.

Le professeur Bergson a exprimé à plusieurs reprises son intérêt pour les efforts de la Society of Psychical Research pour jeter la lumière dans les coins sombres, et il a montré sa sympathie en acceptant la présidence de la société anglaise, successeur à ce poste de FWH Myers, Sir Oliver Lodge, Sir William Crookes, AJ Balfour et Andrew Lang. Dans son discours présidentiel prononcé à Æolian Hall, à Londres, le 28 mai 1913, le professeur Bergson fit la suggestion inédite que si le même effort avait été consacré à l'étude des phénomènes mentaux que celui consacré à l'étude des phénomènes physiques, nous pourrions maintenant savoir comme il s'agit autant de l'esprit que de la matière. Le passage final du discours mérite d'être cité :

Que serait-il arrivé si toute notre science, depuis trois siècles, avait été orientée vers la connaissance de l'esprit, plutôt que vers celle de la matière – si, par exemple, Kepler, Galilée et Newton avaient été des psychologues ? La psychologie aurait atteint des développements dont on ne pouvait pas plus se faire une idée qu'on n'avait pu, avant Kepler, Galilée et Newton, se faire une idée de notre astronomie et de notre physique. Probablement, au lieu d'être dédaignés *a priori* , tous les faits étranges dont s'occupait la recherche psychique auraient été minutieusement recherchés. Nous aurions probablement dû avoir une biologie vitaliste tout à fait différente de la nôtre, peut-être aussi une médecine différente, ou bien la thérapeutique par suggestion aurait été poussée à un point dont nous ne pouvons nous faire une idée. Mais lorsque l'esprit humain, ayant poussé jusqu'ici la science de l'esprit, s'était tourné vers la matière inerte, il aurait été confus quant à sa direction, ne sachant comment se mettre à l'œuvre, ne sachant comment appliquer à cette matière les procédés avec ce qui avait été un succès jusqu'alors. Le monde des phénomènes physiques, et non celui des phénomènes psychiques, aurait alors été le monde du mystère. Il n'était cependant ni possible ni souhaitable que les choses se soient passées ainsi. Cela n'était pas possible, car à l'aube des temps modernes la science mathématique existait déjà, et il fallait donc que l'esprit poursuive ses recherches dans une direction à laquelle cette science était applicable. Cela n'était pas non plus souhaitable, même pour la science de l'esprit, car il aurait toujours manqué à cette science quelque chose d'infiniment précieux : la précision, le souci de la preuve, l'habitude de distinguer ce qui est certain de ce qui est simplement possible ou probable. . Les sciences qui s'occupent de la matière peuvent seules donner à l'esprit cette précision, cette rigueur, ces scrupules. Abordons maintenant la science de l'esprit avec ces excellentes habitudes, renonçant à la mauvaise métaphysique qui embarrasse nos recherches, et la science de l'esprit atteindra des résultats dépassant toutes nos espérances.

Mais quel qu'aurait pu être le résultat si Kepler, Galilée et Newton avaient tourné leur attention vers la psychologie plutôt que vers la physique, il faut admettre que la Société pour la Recherche Psychique a été une déception, même si elle a compté parmi ses chercheurs zélés des chercheurs aussi distingués. scientifiques comme Lodge, Crookes et Wallace. Lorsque la société fut organisée en 1882, son premier président, le professeur Sidgwick, attira l'attention sur les nombreux rapports faisant état de phénomènes physiques dans la salle de séance et exprima l'espoir que de telles preuves seraient plus abondantes maintenant que des enquêteurs compétents étaient prêts à les traiter. . Mais c'est bien le contraire qui s'est produit. Comme le dit M. Podmore dans son livre sur « La naturalisation du surnaturel » :

"En bref, juste au moment où une enquête organisée et systématique sur une échelle non inadéquate à l'importance du sujet était pour la première fois sur le point d'être entreprise, les phénomènes à étudier diminuaient rapidement en fréquence et en importance, et les possibilités d'investigation étaient réduites. encore restreint par l'indifférence ou la réticence des médiums à soumettre leurs affirmations à une enquête.

Il semblerait donc que depuis que l'humanité, ou une petite partie de celle-ci, a acquis la précision, la rigueur et les scrupules de la science physique, il est devenu difficile, voire impossible, de cultiver l'occulte. Cependant , la plupart d'entre nous seraient d'accord avec M. Bergson pour dire que, à supposer qu'une telle alternative soit ouverte à l'humanité comme il le suppose, la science a choisi la meilleure part en entreprenant d'abord la conquête du monde physique.

L'importance religieuse de la théorie de l'évolution de Bergson ressortira des citations données. Il m'est venu à l'esprit, en lisant ses ouvrages ultérieurs, que dans certains passages le mot « foi » pouvait être substitué à « philosophie », et « *elohim* » à « *élan vital* », sans en altérer matériellement le sens. Ensuite, l'accent mis sur le temps rétablit une conception qui a toujours été un facteur vital dans la foi religieuse, mais que l'on ne retrouve pas dans la conception scientifique du monde comme réaction réversible ni dans la conception métaphysique du monde comme illusion d'un monde. Absolu immuable. Le présent est différent des autres et l'avenir en dépend. Nous ne pouvons pas nous consoler ou nous excuser en disant : « Ce sera quand même la même chose dans cent ans. » C'est maintenant le moment accepté, le jour de la décision, l'opportunité unique, et l'élection peut être irrévocable, un tournant dans l'histoire de la création. Les atomes ont perdu leur chance. Les animaux sont désespérément détournés. De nous dépend l'avenir, le salut du monde.

Il ne faut plus parler de la vie en général comme s'il s'agissait d'une abstraction, ou d'une simple rubrique sous laquelle sont inscrits tous les êtres vivants. A un certain moment, en certains points de l'espace, un courant très visible est né. Ce courant de vie, parcourant les corps qu'il a successivement organisés, passant de génération en génération, s'est divisé entre les espèces et s'est dispersé entre les individus sans rien perdre de sa force. — « Evolution créatrice » ?

La philosophie de Bergson conduirait apparemment à une conception de Dieu plus arminienne que calviniste, s'il est permis d'appliquer les anciennes catégories théologiques ; un Dieu peut-être conscient, personnel et anthropomorphe, mais pas omnipotent et immuable. En fait, cela présente une similitude frappante avec la conception des Gnostiques d'Alexandrie, une force créatrice luttant contre le caractère intraitable de la matière inerte et triomphant par la subtilité et la persévérance. La devise de Louis XI, *Divide et impera* , s'applique ici dans un sens différent :

Dieu, ainsi défini, n'a rien de déjà fait : Il est vie, action, liberté incessantes. La création, ainsi conçue, n'est pas un mystère ; nous l'expérimentons en nous-mêmes lorsque nous agissons librement....

Tout se passe comme si un être vague et informe, qu'on appellera à sa guise homme ou surhomme, avait cherché à se réaliser et n'y avait réussi qu'en abandonnant en chemin une partie de lui-même. Les pertes sont représentées par le reste du monde animal et même par le monde végétal . — "Creative Evolution", pp. 248, 266.

Selon cette vision, le monde prend progressivement vie et acquiert une conscience. La matière est une Ondine à la recherche d'une âme. Une statue de Rodin avec des formes humaines émergeant de la pierre brute, telle est la philosophie du marbre de Bergson. Nous revoyons le « lion fauve piaffant pour libérer ses parties postérieures » de Milton. On retrouve la traduction du Logos par Faust : « Au commencement était l'Acte ».

Mais je dois me garder d'imposer de telles analogies à un auteur qui a pris soin de revêtir sa pensée d'un langage nouveau afin de se libérer des connotations de l'ancien. Laissez Bergson résumer sa théorie de l'évolution dans ses propres mots :

La vie dans son ensemble, dès l'impulsion initiale qui l'a poussée dans le monde, apparaîtra comme une vague qui monte, à laquelle s'oppose le mouvement descendant de la matière. Sur la plus grande partie de sa surface, à différentes hauteurs, le courant est transformé par la matière en vortex. En un seul point, il passe librement, entraînant avec lui l'obstacle qui pèsera sur sa marche mais ne l'arrêtera pas. À ce stade se trouve l'humanité ; c'est notre situation privilégiée. D'autre part, cette onde montante est la conscience, et, comme toute conscience, elle inclut des virtualités innombrables qui s'interpénètrent et auxquelles par conséquent ne conviennent ni la catégorie de l'unité ni celle de la multiplicité, faites toutes deux pour une matière inerte. La matière qu'il entraîne avec lui et dans les interstices de laquelle il s'insère peut seule le diviser en individualités distinctes. Le courant circule à travers les générations humaines, se subdivisant en individus. Cette subdivision y était vaguement indiquée, mais ne pouvait être précisée sans matière. Ainsi se créent continuellement des âmes qui pourtant, dans un certain sens, préexistaient. Ils ne sont rien d'autre que les petits ruisseaux en lesquels se divise le grand fleuve de la vie, qui coule à travers le corps de l'humanité. Le mouvement du ruisseau est distinct de celui du lit de la rivière, même s'il doit adopter son cours sinueux. La conscience est distincte de l'organisme qu'elle anime, même si elle doit en subir les vicissitudes. Comme les actions possibles qu'indique un état de conscience commencent à chaque instant à s'accomplir dans les centres nerveux, le cerveau souligne à chaque instant les indications motrices de l'état de conscience ; mais l'interdépendance de la conscience et du cerveau se limite à cela ; le destin de la conscience n'est pas pour autant lié au destin de la matière cérébrale. Enfin, la conscience est essentiellement libre ; c'est la liberté elle-même ; mais il ne peut traverser la matière sans s'y fixer, sans s'y adapter ; cette adaptation est ce que nous appelons intellectualité ; et l'intellect, se tournant vers la conscience active, c'est-à-dire libre, le fait entrer naturellement dans les formes conceptuelles dans lesquelles il est accoutumé à voir la matière s'insérer. Elle percevra donc toujours la liberté sous forme de nécessité ; elle négligera toujours la part de nouveauté ou de création inhérente à l'acte libre ; elle substituera toujours à l'action elle-même une imitation artificielle, approximative, obtenue en composant l'ancien avec l'ancien et le même avec le même. Ainsi, aux yeux d'une philosophie qui tente de réabsorber l'intellect dans l'intuition, bien des difficultés s'évanouissent ou deviennent légères. Mais une telle doctrine ne facilite pas seulement la spéculation, elle nous donne aussi plus de pouvoir pour agir et vivre. Car, avec elle, nous ne nous sentons plus isolés dans l'humanité, l'humanité ne semble plus isolée dans la nature qu'elle domine. De même que le plus petit grain de poussière est lié à tout notre système solaire, entraîné avec lui dans ce mouvement indivis de descente qu'est la matérialité elle-même, de même tous les êtres organisés, du plus humble au plus élevé, depuis les premières origines de la vie jusqu'aux le temps dans lequel nous sommes, et en tous lieux comme en tous temps, ne manifeste qu'une seule impulsion, inverse du mouvement de la matière, et en elle-même indivisible. Tous les vivants tiennent ensemble et tous cèdent à la même poussée formidable. L'animal prend position sur la plante, l'homme enjambe l'animalité, et l'humanité tout entière, dans l'espace et dans le temps, est une immense armée galopant à côté, devant et derrière chacun de nous dans une charge écrasante capable d'abattre toute résistance et de dégager les obstacles les plus redoutables, peut-être même la mort.— "Creative Evolution", p. 269.

COMMENT LIRE BERGSON

Lisez d'abord le dernier. Commencez par « Creative Evolution », car il s'agit de l'exposition la plus complète de sa philosophie et est écrite dans un style moins technique que ses œuvres antérieures. Mais le lecteur doit se rappeler que la connaissance de ces éléments est présupposée, et Bergson a tenu ici pour acquis ce qu'il a écrit dans deux autres grands volumes pour prouver ; à savoir que le temps ne peut pas être représenté de manière adéquate sous les formes de l'espace et que l'esprit n'est pas lié de manière rigide à la matière.

Bergson n'a d'égal aucun philosophe moderne, à l'exception de William James, en termes d'éclat de style et d'originalité d'illustration. "Creative Evolution" traite d'une telle variété de questions, biologiques, psychologiques et métaphysiques, que tout lecteur intelligent y trouvera quelque chose qui suscitera de nouveaux courants de pensée. Et si le lecteur intelligent trouve des passages qu'il ne peut pas comprendre, il peut se consoler en pensant qu'il y en a d'autres qui ont également été déconcertés. Le comte Keyserling, qui a l'esprit d'un métaphysicien allemand, dit de Bergson que « sa philosophie est peut-être la réalisation la plus originale depuis l'époque d'Emmanuel Kant », mais il ajoute : « De nombreuses pensées sur lesquelles Bergson semble accorder une grande importance éveillent dans moi pas l'ombre d'une idée." Mais il attribue l'obscurité de Bergson au fait qu'« il ne part pas de principes abstraits ; il commence dans la conscience directe, dans la vie concrète ». Peut-être le lecteur ordinaire aura-t-il à cet égard un avantage sur un étudiant kantien comme le comte Keyserling.

L'étudiant en philosophie préférera peut-être retracer le développement de la pensée de Bergson dans son ordre logique et chronologique. Il commencera alors par l' Essai sur les donnés. immédiates de la conscience" (1889), puis passent à "Matière et Mémoire " (1896), et se terminent par "Evolution créatrice " (1907). Ceux-ci sont publiés par Félix Alcan, Paris, dans sa " Bibliothèque de Philosophie contemporaine ". L'"Essai sur les données immédiates de la conscience" paraît sous le titre moins encombrant de "Time and Free Will" dans la traduction de FL Pogson (Macmillan). "Matter and Memory" est traduit par Nancy Margaret Paul et W. Scott Palmer (Macmillan). Il n'est peut-être pas inapproprié de noter que l'édition britannique de l'Essai coûte près de quatre fois plus cher que la version française et est deux fois plus lourde. "Creative Evolution", traduit par Arthur Mitchell, est imprimé dans ce pays par Henry Holt. & Company. La conférence de Bergson sur les rêves, traduite par EE Slosson , est publiée sous forme de livre par BW Huebsch , New York.

Ceux qui lisent le français mais ne souhaitent pas attaquer l'un des ouvrages les plus importants trouveront pratique le résumé de sa philosophie avec des sélections illustratives faites par l'un de ses anciens élèves, René Gillouin, et publié dans "Les Grands Philosophes" de Louis Michaud, Paris. . Le lecteur allemand trouvera dans " La philosophie intuitive de Bergson ", Jena, d'A. Steenbergen , un résumé et une critique.

"Time and Free Will" contient une bibliographie admirable, comprenant les discussions les plus importantes sur la philosophie de Bergson parues en huit langues jusqu'en 1911. L'introduction la plus intéressante à Bergson est l'article publié par le professeur James dans le Hibbert Journal, avril *1909* . , et réimprimé dans son *Univers Pluraliste* . Cela présente l'avantage de l'approbation de M. Bergson, car lorsque le professeur Pitkin de Columbia a tenté de montrer que James avait tort de revendiquer Bergson comme un allié ("James and Bergson, or Who is Against Intellect?" in Journal of Philosophy, Psychology and *Scientific Méthode* , 28 avril 1910), Bergson répondit que James ne l'avait pas mal interprété mais avait dit ce qu'il voulait dire dans des termes meilleurs que les siens (même *Journal* , 7 juillet 1910). D'autres brèves expositions de la philosophie de Bergson sont les articles de H. Wildon Carr dans *Proc. Aristotelian Society* , 1909 et 1910, et *Hibbert Journal* , juillet 1910 ; par J. Solomon in *Mind,* janvier 1911 (tous deux maintenant également sous forme de livre) ; par Arthur Balfour sur « Creative Evolution and Philosophic Doubt » dans le numéro décennal du *Hibbert Journal* ; "Bergson's Philosophy and the Idea of God", par HC Corrance , et "Syndicalism in its Relation to Bergson", par T. Rhondda Williams, tous deux dans *Hibbert Journal* de janvier 1914. Le professeur Arthur O. Lovejoy de Johns Hopkins critique "Le Practical Tendencies of Bergsonianism " dans l' *International Journal of Ethics* , avril et juillet 1913. Les conférences de Bergson à Londres sur l'âme sont résumées dans l' *Educational Review* , janvier 1912. "Winds of Doctrine" de Santayana (Scribner) contient un chapitre intéressant sur les idées de Bergson. philosophie.

Parmi l'abondante littérature controversée en France, on ne peut citer que quelques titres récents : R. Gillouin , « La Philosophie de Bergson » (Grasset) ; J. Segond , « L'Intuition Bergsonienne " (Alcan); J. Desaymard , "La Pensée d'Henri Bergson" (Mercure de France). Les adversaires les plus marquants de Bergson sont : René Berthelot dans "Un Romantisme utilitaire », tome II, « Le Pragmatisme chez Bergson » (Alcan) ; et Julien Benda dans « Le Bergsonisme ou une Philosophie de la Mobilité », et « Réponse aux Défenseurs du Bergsonisme » (Mercure de France).

"Bergson for Beginners", de Darcy B. Kitchin (Macmillan) donne un résumé de ses travaux et ajoute quelques observations intéressantes sur la relation de Bergson avec les philosophes anglais James Ward et Herbert Spencer. D'autres exposés et critiques récents sont « La Philosophie de Bergson », par AD Lindsay ; « Un examen critique de la philosophie de Bergson », par J. McKellar Stewart ; « Un examen de la philosophie du professeur Bergson », par David Balsillie ; "Bergson et l'esprit moderne", par GR Dodgson (American Unitarian Assoc., Boston). Mais le meilleur volume pour servir d'introduction à Bergson est celui précédemment évoqué, « La Nouvelle Philosophie d'Henri Bergson », d'Edouard Le Roy (Holt).

Une liste des plus importants livres et articles sur le sujet dans toutes les langues jusqu'en 1913 comprenant plus de cinq cents titres a été publiée par la Columbia University Press à l'occasion de la visite de Bergson, "A Contribution to a Bibliography of Henri Bergson. "

[1] Rapporté dans le *Bulletin de la Société française de Philosophie* , 1908.

[2] Pour ses vues sur la possibilité d'une métaphysique scientifique, voir *Le Parallélisme psycho-physique et la métaphysique positive* dans *Bulletin de la Société française de Philosophie* , juin 1901 ; et *Introduction à la métaphysique* dans *Revue de Métaphysique et de Morale* , janvier 1903.

[3] Publié dans la *Revue scientifique* , le 8 juin 1901, et en anglais dans *The Independent* , du 23 au 30 octobre 1913, et sous forme de livre, 1914.

[4] Des articles sur le catholicisme pragmatique peuvent être trouvés dans presque tous les volumes de la *Revue Philosophique* et de la *Revue de Métaphysique et de Morale* au cours des douze premières années du XXe siècle. Voir notamment ceux d'Edouard Le Roy, disciple de James et Bergson. Un bref compte rendu du mouvement est contenu dans "La Philosophie en France, 1907" de Lalande , *Revue Philosophique* , mai 1908.

[5] Comme représentants des syndicalistes pragmatiques, on peut citer George Sorel et Edouard Berth. Pour un compte rendu du côté philosophique du mouvement, voir *Syndicalistes et Bergsoniens* de C. Bougie dans *Revuedu Mois* , avril 1909.

CHAPITRE III

HENRI POINCARÉ

———

Le scientifique n'étudie pas la nature parce qu'elle est utile ; il l'étudie parce qu'il y prend plaisir, et il s'y réjouit parce qu'il est beau. Si la nature n'était pas belle, elle ne vaudrait pas la peine d'être connue, et si la nature ne valait pas la peine d'être connue, la vie ne vaudrait pas la peine d'être vécue. Bien entendu, je ne parle pas ici de cette beauté qui frappe les sens, de la beauté des qualités et des apparences ; non pas que je sous-estime une telle beauté, loin de là, mais cela n'a rien à voir avec la science ; Je veux dire cette beauté plus profonde qui vient de l'ordre harmonieux des parties et que peut saisir une intelligence pure. C'est cela qui donne un corps, une structure pour ainsi dire, aux apparences irisées qui flattent nos sens, et sans ce support la beauté de ces rêves fugitifs ne serait qu'imparfaite, car vague et toujours fugace. Au contraire, la beauté intellectuelle se suffit à elle-même, et c'est pour elle, plus peut-être que pour le bien futur de l'humanité, que le savant se consacre à des travaux longs et difficiles.

C'est donc la recherche de cette beauté particulière, le sens de l'harmonie du cosmos, qui nous fait choisir les faits les plus propres à contribuer à cette harmonie, tout comme un artiste choisit parmi les traits de son modèle ceux qui le perfectionnent. l'image et lui donner du caractère et de la vie. Et il ne faut pas craindre que cette prédisposition instinctive et inavouée détourne le scientifique de la recherche du vrai. On peut rêver d'un monde harmonieux, mais combien le monde réel l'abandonnera-t-il ! Les plus grands artistes qui aient jamais vécu, les Grecs, ont fait leurs cieux ; comme il est minable à côté du vrai ciel, le nôtre ! — La Valeur de la science de Poincaré , p. 8.

Un tel langage est extrêmement déconcertant pour ceux qui défendent la notion populaire de science et de scientifiques ; considérant la science comme une vague masse imminente de faits solides, immuables, inexorables, menaçant l'extinction de toutes choses telles que l'art, le sentiment, la poésie et la religion, pour ensuite être détournées par la détermination de rester dans l'ignorance ; considérant les hommes de science comme de simples machines à calculer, broyant mécaniquement de l'eau logique à des fins utilitaires. L'astronomie mathématique est sûrement l'une des sciences, la plus rigide, la plus lointaine et la plus obscure des sciences. Pourtant, voici le plus grand astronome mathématique de l'époque qui en parle comme s'il s'agissait d'un des beaux-arts, d'une chose de beauté que l'artiste crée pour son propre plaisir en la réalisant et qu'il façonne conformément à ses propres idées de ce qu'il est. est harmonieux.

Or, on ne peut écarter l'opinion de M. Poincaré , sous prétexte qu'il ne savait pas de quoi il parlait. Un homme qui a fait autant de science que lui devrait savoir comment la science est faite et à quoi sert. Pour la plupart d'entre nous, la nature – ou, pour éviter de blesser nos propres sentiments, disons plutôt, l'opportunité – a refusé le privilège de connaître cela par l'expérience. Par conséquent, M. Poincaré est un homme particulièrement intéressant à étudier, car il a bien voulu nous dire non seulement ce qu'est un homme de science, mais aussi ce que l'on ressent lorsqu'on l'est. Aucun autre contemporain d'égale éminence n'a été aussi franc et accommodant dans la révélation de ses méthodes ni aussi disposé à se soumettre comme sujet d'observation. Nous sommes admis dans le laboratoire d'un mathématicien et nous pouvons observer le mécanisme de la pensée scientifique en action.

En ce qui le concerne, il a répudié l'idée selon laquelle la science est purement utilitaire dans le langage le plus catégorique. August Comte disait qu'il serait vain de chercher à connaître la composition du soleil, puisque cette connaissance ne serait d'aucune utilité à la sociologie. Contre une telle accusation d'inutilité, Poincaré défendit avec éloquence sa science en démontrant la valeur pratique de l'astronomie même du point de vue de Comte, mais en conclusion affirma très clairement sa propre opinion :

Ai-je eu tort de dire que c'est l'astronomie qui a fait de nous une âme capable de comprendre la nature ; que sous un ciel toujours couvert et sans étoiles, la terre elle-même eût été pour nous éternellement inintelligible ; qu'on n'y aurait vu que du caprice et du désordre ; et que, ne connaissant pas le monde, nous n'aurions jamais pu le soumettre ? Quelle science aurait pu être plus utile ? Et en parlant ainsi, je me mets du point de vue de ceux qui ne valorisent que les applications pratiques. Certes, ce point de vue n'est pas le mien ; quant à moi, au contraire, si j'admire les conquêtes de l'industrie, c'est avant tout parce qu'elles nous libèrent des soucis matériels, elles donneront un jour à tous le loisir de contempler la nature. Je ne dis pas : la science est utile, car elle nous apprend à construire des machines. Je dis : les machines sont utiles, car en travaillant pour nous, elles nous laisseront un jour plus de temps pour faire de la science. Mais enfin il convient de remarquer qu'entre les deux points de vue il n'y a pas d'antagonisme, et que l'homme ayant poursuivi un but désintéressé, tout le reste lui a été ajouté. — " Valeur de la Science", p. 88.

C'est cette insistance sur la valeur esthétique de la science qui l'a amené à hésiter à être qualifié de « pragmatique », bien que ceux qui acceptent ce nom aient toujours mis un accent inhabituel sur le facteur esthétique dans la pensée. Mais dans sa théorie de la connaissance , Poincaré est résolument pragmatique, et personne n'a exposé clairement ni exprimé plus fortement le mode de pensée pratique par lequel les sciences naturelles ont fait leurs progrès et qui s'étend maintenant aux domaines de la métaphysique, de la religion. , éthique et sociologie. Le mot préféré de Poincaré est « commode » (*commode*). À proprement parler, les théories ne doivent pas être classées comme vraies ou fausses. Ils sont simplement plus ou moins pratiques. Par exemple:

Les masses sont des coefficients qu'il est pratique d'introduire dans les calculs. On pourrait reconstruire toute la mécanique en attribuant des valeurs différentes à toutes les masses. Cette nouvelle mécanique ne serait en contradiction ni avec l'expérience ni avec les principes généraux de la dynamique. Seules les équations de cette nouvelle mécanique seraient *moins simples* . — "Science et Hypothèse", p. 76.

Nous n'avons pas l'intuition directe de la simultanéité, ni de l'égalité de deux durées. Si nous pensons avoir cette intuition, c'est une illusion. Nous la remplaçons à l'aide de certaines règles que nous appliquons presque toujours sans en tenir compte. Mais quelle est la nature de ces règles ? Pas de règle générale, pas de règle rigoureuse ; une multitude de petites règles applicables à chaque cas particulier. Ces règles ne nous sont pas imposées, et nous pourrions nous amuser à en inventer d'autres ; mais on ne pouvait les écarter sans compliquer grandement les lois de la physique, des mathématiques et de l'astronomie. Nous choisissons donc ces règles, non parce qu'elles sont vraies, mais parce qu'elles nous conviennent le mieux, et nous pouvons les récapituler ainsi : « La simultanéité de deux événements ou l'ordre de leur succession, l'égalité de deux durées doivent être ainsi défini que l'énonciation des lois naturelles peut être aussi simple que possible ; en d'autres termes, toutes ces règles, toutes ces définitions, ne sont que le fruit d'un opportunisme inconscient. » — « Value of Science », p. 35.

Le temps doit être défini de manière à ce que les équations de la mécanique soient aussi simples que possible. En d'autres termes, il n'existe pas une façon de mesurer le temps plus vraie qu'une autre. Celle qui est généralement adoptée n'en est que plus *commode* . De deux montres, on n'a pas le droit de dire que l'une va vraie, l'autre fausse : on peut seulement dire qu'il est avantageux de se conformer aux indications de la première. — " Valeur de la Science", p. 30.

Voilà donc la règle que nous suivons et la seule que nous puissions suivre : lorsqu'un phénomène nous apparaît comme la cause d'un autre, nous le regardons comme antérieur. C'est donc par la cause que nous définissons le temps. — "Value of Science", p. 32.

L'expérience ne nous prouve pas que l'espace ait trois dimensions. Cela nous prouve seulement qu'il convient de lui attribuer trois dimensions . — "Valeur de la Science", p. 69.

On a souvent observé que si tous les corps de l'univers étaient dilatés simultanément et dans la même proportion , nous n'aurions aucun moyen de l'apercevoir, puisque tous nos instruments de mesure grandiraient en même temps que les objets eux-mêmes qu'ils servent à mesurer. . Le monde, après cette dilatation, continuerait sa course sans que rien ne nous avertisse d'un événement aussi considérable. — "Valeur de la science", p. 39.

Mais Poincaré va plus loin et montre non seulement que deux de ces mondes de tailles différentes seraient absolument impossibles à distinguer, mais qu'ils le seraient également s'ils étaient déformés de quelque manière que ce soit, pour autant qu'ils correspondent point par point. Cette conception de la relativité de l'espace peut paraître un peu difficile à comprendre, mais M. Poincaré a la gentillesse de suggérer un moyen par lequel chacun peut la constater par lui-même s'il a dix sous pour l'admettre dans l'un de ces complexes hilarants. où l'on peut voir des miroirs concaves et convexes grandeur nature. Vous vous considérez peut -être comme un gentleman de bonne taille, c'est-à-dire quelque peu corpulent, et vous considérez la grande forme mince qui vous fait face dans le miroir cylindrique comme absurdement déformée. Mais vous auriez du mal à le convaincre de sa difformité. Ses jambes, ainsi que les vôtres, satisfont à l'exigence que Lincoln a fixée quant à leur longueur appropriée ; c'est-à-dire qu'ils vont du corps au sol. Si vous touchez votre menton avec votre pouce et votre front avec votre index, lui aussi. Il vous vient à l'esprit qu'il s'agit ici d'un cas où votre connaissance de la géométrie se révélerait, si jamais, utile, mais lorsque vous y ferez appel, vous constaterez que la géométrie de son monde étrange est tout aussi bonne que la vôtre ; en fait, c'est pareil. Vous obtenez une règle de pied et vous mesurez ; 70 pouces de hauteur, 14 pouces de diamètre à l'équateur, rapport 5:2. Mais entre-temps, l'homme miroir se mesure lui-même, et ses dimensions sont exactement les mêmes que les vôtres, 70, 14 et 5 : 2, car lorsqu'il tient la règle perpendiculaire, elle s'allonge et lorsqu'elle est horizontale, elle rétrécit. Les lignes qui dans votre monde sont droites sont courbes dans le sien, mais vous ne pouvez pas le lui prouver, car lorsqu'il pose sa règle contre ses courbes, la voilà immédiatement se plie pour correspondre. À ce moment-là, trouvant si difficile de prouver à l'homme miroir que vous avez raison et qu'il a tort, vous pensez que peut-être ce n'est pas le cas, qu'il a peut-être autant de raisons que vous de croire que c'est le sien. monde normal et bien proportionné, et vous en avez l'image déformée. Puisque vous n'avez aucun moyen de percevoir la longueur absolue, la direction ou la courbure d'une ligne, votre espace peut être aussi irrégulièrement courbé et tordu qu'il semble l'être dans le plus drôle des miroirs, et vous ne le sauriez pas. Le principe du pragmatique est que tout ce qui ne fait aucune différence avec le reste n'est pas réel. La raison pour laquelle nous n'avons pu découvrir aucune différence entre l'espace miroir et notre espace, chacun considéré isolément, est qu'il n'y en a pas. Ou pour reprendre le langage de Poincaré , « l'espace est en réalité amorphe et les choses qui sont en lui seules lui donnent une forme ». Pourquoi dit-on que l'espace a trois dimensions au lieu de deux ou quatre ou plus ? Pourquoi nous en tenons-nous à un vieux brouillard comme Euclide alors que Riemann et Lobachevski nous proposent de nouveaux systèmes géométriques tout aussi cohérents entre eux, dans lesquels les parallèles peuvent se rencontrer ou se séparer ? Parce que:

par sélection naturelle, notre esprit s'est *adapté* aux conditions du monde extérieur. Il a adopté la géométrie *la plus avantageuse* pour l'espèce ou, en d'autres termes, *la plus commode* . La géométrie n'est pas vraie, elle est avantageuse.

De tels propos peuvent passer inaperçus dans les salles universitaires, car tous les scientifiques sont plus ou moins clairement conscients du caractère provisoire et pratique des hypothèses et des conventions qu'ils emploient. Mais pour le monde extérieur, cela semble surprenant. Pour certains, il semblait que les fondements de l'univers étaient ébranlés. D'autres y voyaient un aveu de ce que Brunetière avait appelé « la faillite de la science » et se réjouissaient ouvertement de la déconfiture de l'ennemi de l'Église. Or Poincaré avait eu le hasard d'utiliser, en discutant de la relativité du mouvement, l'illustration suivante :

L'espace absolu, c'est-à-dire la marque à laquelle il faudrait rapporter la terre pour savoir si elle se meut réellement, n'a pas d'existence objective. Cette affirmation : « la terre tourne » n'a donc aucun sens, puisqu'elle ne peut être vérifiée par aucune expérience ; car une telle expérience non seulement ne saurait être ni réalisée ni rêvée par le plus audacieux Jules Verne, mais ne peut être conçue sans contradiction. Ou plutôt ces deux propositions : « La terre tourne » et « il est plus commode de supposer que la terre tourne » ont le même sens ; il n'y a rien de plus dans l'un que dans l' autre . — « Science et Hypothèse », p. 85.

Cette remarque fut aussitôt saisie par les apologistes catholiques, et l'affaire Galilée, une fois close par la voix de Rome, fut rouverte pour l'admission de cette nouvelle preuve. Si les théories de Ptolémée et de Copernic sont également vraies et que le choix entre elles n'est qu'une question d'opportunité, la Sainte Inquisition n'était-elle pas justifiée de soutenir la théorie établie dans l'intérêt de la religion et de la moralité ? Monseigneur Bolo, théologien éminent et sagace, annonçait dans *Le Matin* du 20 février 1908, que M. Poincaré , le plus grand mathématicien du siècle, dit que Galilée avait tort dans son obstination. A cela Poincaré répondit dans les mots chuchotés de Galilée :

"E pur si "Mouove , Monseigneur" ?

Dans une discussion ultérieure sur ce point, il explique que ce qu'il a dit à propos de la rotation de la Terre pourrait tout aussi bien s'appliquer à toute autre hypothèse acceptée, même à l'existence même d'un monde extérieur, car « ces deux propositions, « le monde extérieur » existe » ou « il est plus commode de supposer qu'il existe » ont un seul et même sens. » La théorie copernicienne est préférable parce qu'elle a un contenu plus riche et plus profond, car si l'on suppose que la Terre est stationnaire , il faudra inventer d'autres explications pour l'aplatissement des pôles, la rotation du pendule de Foucault, les alizés, etc. tandis que l'hypothèse d'une terre tournante rassemble tous ces éléments comme les effets d'une seule cause.

M. Le Roy, pragmatique catholique et disciple de Bergson, va beaucoup plus loin que Poincaré en ce qui concerne l'élément humain dans la science, estimant que la science n'est qu'une règle d'action et ne peut rien nous apprendre de vérité, car ses lois ne sont que conventions artificielles. Cette vision que Poincaré considérait comme dangereusement proche du nominalisme et du scepticisme absolus, et dans sa controverse avec Le Roy [2], il montra que le scientifique ne « crée pas les faits comme le disait Le Roy, mais simplement le langage dans lequel il les énonce ». De la contingence sur laquelle insistent Le Roy et Boutroux , Poincaré admet seulement que les lois scientifiques ne peuvent jamais être qu'approximatives et probables. Même en astronomie, où la loi unique et simple de la gravitation est impliquée, ni la certitude absolue ni l'exactitude absolue ne peuvent être atteintes. Par conséquent , nous ne pouvons pas affirmer avec certitude qu'à un moment donné, Saturne sera à un certain point du ciel. Il faut se limiter à prédire que "Saturne sera probablement *proche* " d'un tel point.

———

Dans un discours devant le Congrès international de philosophie de Bologne en avril 1910, le professeur Poincaré discuta à nouveau de la question de savoir si les lois de la nature ne pouvaient pas changer. Il a admis qu'il n'existe pas une seule loi que nous puissions énoncer avec la certitude qu'elle a toujours été vraie dans le passé. Néanmoins, conclut-il, rien n'empêche l'homme de science de garder sa foi dans le principe d'immuabilité, puisqu'aucune loi ne peut descendre au niveau d'une loi secondaire et limitée sans être remplacée par une autre loi plus générale et plus complète. Il envisageait en particulier la possibilité que, dans un passé lointain, les lois fondamentales de la mécanique ne s'appliquaient pas, car puisque l'énergie du monde se dissipe continuellement sous forme de chaleur, il a dû y avoir une époque où les corps se déplaçaient plus vite qu'aujourd'hui. . Mais selon les théories récentes de la matière, aucun corps ne peut voyager plus vite que la lumière, et avec des vitesses approchant celle de la lumière, sa masse n'est plus constante mais augmente avec sa vitesse. Ceci, bien sûr, bouleverserait toutes les lois de Newton, que nous devrions alors considérer comme limitées dans leur portée aux conditions ordinaires et aux mouvements modérés que nous voyons autour de nous aujourd'hui.

Mais même à l'heure actuelle, nous pouvons difficilement les considérer avec la même confiance implicite qu'autrefois. Prenons, par exemple, la loi de Newton selon laquelle l'action et la réaction sont égales et opposées. Lorsqu'une balle est tirée par un canon, le canon recule en même temps et avec le même élan que la balle avance. Mais supposons qu'au lieu d'un canon nous ayons une lampe avec un réflecteur qui envoie un faisceau de lumière dans l'espace. Il a été déduit mathématiquement et prouvé expérimentalement que la lumière exerce une pression infime mais mesurable sur un objet qu'elle heurte. Le réflecteur recule donc comme le canon, mais où est la boule si la lumière est un mouvement ondulatoire immatériel ? Certes, si un rayon de lumière frappait une planète dans l'espace, il lui donnerait une impulsion égale et opposée à celle initialement transmise au réflecteur sur notre Terre. Mais que se passe-t-il si la lumière s'allume dans un espace vide et n'atteint jamais rien ? Une loi qui devra peut-être attendre plusieurs milliers d'années pour être validée, voire même échouer complètement, n'est pas ce que le profane a à l'esprit lorsqu'il pense aux lois immuables et infrangibles régissant l'univers.

Mais il est très important à l'heure actuelle que le profane comprenne ce que le scientifique veut dire lorsqu'il parle de lois, de théories et d'hypothèses. Car nous sommes au milieu d'une formidable révolution scientifique. Notre cosmos bien agencé du XIXe siècle semble à nouveau se dissoudre dans le chaos. Nous avons vu les éléments fondre avec une chaleur fervente et nous ne pouvons plus compter sur l'uniformité des poids atomiques. Les lois de la conservation de la matière et de l'énergie, qui ont guidé la recherche jusqu'à la dernière génération, s'estompent. L'éther démodé, qui à son époque était un appareil utile mais jamais entièrement satisfaisant, car il a dû être rafistolé à plusieurs reprises avec diverses propriétés nouvelles pour lui permettre de supporter les diverses tâches qui lui étaient imposées, ne semble plus apte à résister à la tension et il faudra peut-être à tout moment les envoyer à la ferraille scientifique. Nous entendons des physiciens supposément sains d'esprit affirmer que tous les corps se contractent dans le sens de leur mouvement et que leur poids varie avec leur vitesse et la direction dans laquelle ils vont. Nous lisons des « atomes de lumière » et des corpuscules d'électricité qui, bien qu'ils ne représentent qu'un millième de l'atome d'hydrogène, sont capturés, comptés et pesés un par un.

Ce qui laisse perplexe l'esprit profane, c'est le calme avec lequel les scientifiques observent cet effondrement des mondes et ce choc des systèmes. Ils n'ont pas l'allure d'imposteurs démasqués. Ils ne sont pas, comme les augures de la Rome décadente, incapables de se rencontrer sans se rire au nez. Ils ne sont pas mécontents du renversement de leurs anciennes idoles. Ils n'ont aucune crainte des hérétiques, donc aucune haine à leur égard. Ils considèrent tout cet iconoclasme avec une légère curiosité, tout à fait en contraste avec leur intérêt intense et personnel pour la science en général. Il est difficile d'atteindre le quorum à l'Association pour l'avancement de la science pour entendre une discussion sur le principe de relativité avec toutes ses conséquences révolutionnaires.

Comparez cette apparente indifférence au sort des principes fondamentaux dans les cercles scientifiques avec ce qui se passerait dans une assemblée presbytérienne s'il était proposé d'éliminer la prédestination de la Confession de Westminster ou dans une convocation épiscopale si la naissance virginale était niée ; avec ce qui se passerait dans une assemblée d'actionnaires si des doutes étaient exprimés quant aux droits du capital, ou dans une convention socialiste si le conflit de classes était remis en question. Or, l'existence de l'éther a pour la pensée scientifique la même importance que la prédestination pour la pensée théologique ou le capitalisme pour la pensée économique. Sa réfutation ou sa modification serait tout aussi bouleversante pour la foi et la pratique. Pourtant, les scientifiques sont des hommes ; ils ont du sang rouge dans les veines, et cela se voit souvent sur leurs joues lorsqu'ils débattent de quelque chose qui leur semble utile . La théorie pure leur semble rarement intéressante, car elle est reconnue comme pure conventionnalité et commodité.

L'homme scientifique, en particulier l'investigateur scientifique, tient ses théories d'une main légère, mais garde une ferme emprise sur ses faits. C'est tout le contraire de l'attitude des profanes à l'égard de la science. Si le profane s'intéresse à connaître la vitesse de la lumière, c'est parce qu'il pense en tirer la leçon que tout l'espace est rempli d'un solide élastique rigide, ce qu'il ne peut que s'étonner. Le scientifique s'intéresse à l'éther car il l'aide dans son calcul de la vitesse de la lumière.

Un professeur de télégraphie sans fil utilisera au cours de l'heure deux ou trois conceptions plus ou moins contradictoires de l'électricité. Si ensuite vous attirez son attention sur l'incohérence et lui demandez ce qui est bien et ce qui est mal, vous n'obtiendrez pas de réponse très satisfaisante. Il ne le sait pas et s'en fiche visiblement. Vous insistez pour qu'il vous dise à quelle théorie il croit personnellement. Il n'avait vraiment pas pensé à « croire » en aucune d'entre elles. S'il utilise la craie blanche au tableau plutôt que la rouge, ce n'est pas parce qu'il nie l'existence de la craie rouge et son utilité occasionnelle. De même, l'astronome parlera du lever du soleil et, dans le souffle suivant, de la rotation de la terre vers le soleil, tout à fait innocent de son incohérence. Le botaniste fait allusion à une certaine fleur comme au coquelicot et encore comme à l'Eschscholtzia . Il veut dire la même chose mais utilise des langues différentes ; dans le premier cas l'anglais, dans le second cas je ne sais quoi.

Il est éminemment souhaitable que les gens aient confiance dans la science, mais pour ce faire, ils doivent avoir en elle la même confiance que le scientifique. Sinon, ils considéreront cela comme un ensemble d'imaginations ingénieuses qui se révèlent fausses à chaque génération successive. La science est en train de muer en ce moment et semble bizarre. Le public doit comprendre clairement que ce processus est synonyme de croissance et non de maladie. Il existe aujourd'hui une autre raison qui justifie la vulgarisation du mode de pensée scientifique. Elle commence à être appliquée là où des conceptions entièrement différentes ont prévalu jusqu'à présent : à l'art, à l'éthique, à la religion, à la sociologie, etc. Cela suscite déjà un grand émoi et en provoquera davantage avant que le processus ne soit terminé. Cela impliquera par exemple la réécriture et, dans une large mesure, la réinvestigation de l'histoire. Poincaré l'a fait allusion dans un passage qui me semble d'une très grande importance :

Carlyle a dit quelque part à peu près ceci : "Rien que les faits n'ont d'importance. Jean sans Terre est passé par ici. Voici quelque chose d'admirable. Voici une réalité pour laquelle je donnerais toutes les théories du monde." Carlyle était un compatriote de Bacon, mais Bacon n'aurait pas dit cela. C'est le langage de l'historien. Le physicien dirait plutôt : « Jean sans Terre est passé par ici. Cela ne me fait aucune différence car il ne repassera plus jamais par là. » — « Science et Hypothèse », p. 102.

Le but de la science est la prévision, et je crois que cela finira par être reconnu comme le véritable but de toute connaissance. L'historien, ou plutôt l'antiquaire, car l'historien peut avoir un tempérament scientifique, valorise les faits pour leur rareté. Le scientifique valorise les faits pour leur caractère commun. Un fait unique, s'il existe, n'aurait pour lui aucun intérêt possible. L'antiquaire part à la recherche d'objets, de faits ou de meubles qui ont eu de l'importance dans le passé. Le scientifique recherche uniquement des choses qui auront de l'importance dans le futur.

Selon Poincaré , le bon choix des faits est le premier devoir du scientifique. Il doit être capable de repérer l'essentiel et de rejeter tout le reste. "L'invention consiste à éviter de construire des combinaisons inutiles et à construire les combinaisons utiles qui sont en infinie minorité. Inventer, c'est discerner, choisir." Il est préférable de rassembler des éléments très éloignés les uns des autres. De telles unions sont pour la plupart stériles, mais lorsque ce n'est pas le cas, elles sont les plus fructueuses de toutes. Le scientifique qui réussit ne regarde pas, comme un acheteur, un par un tous les échantillons disponibles et ne choisit pas ce qu'il veut. La vie est trop courte. Les idées inappropriées ne se présentent même pas à son esprit. C'est comme s'il était un examinateur de second ressort qui ne s'occupe que des candidats ayant réussi la première épreuve. Ce processus préliminaire de criblage et de tri est effectué en grande partie par l'inconscient, comme le montre Poincaré en racontant comment il en est arrivé à faire ses premières découvertes mathématiques :

Pendant quinze jours, j'ai travaillé à démontrer qu'il ne pouvait exister aucune fonction analogue à celles que j'ai appelées depuis fonctions fuchsiennes . [3] J'étais alors très ignorant. Chaque jour, je m'asseyais à ma table de travail et j'y passais une heure ou deux, essayant un grand nombre de combinaisons, mais je n'arrivais à aucun résultat. Un soir où, contrairement à mon habitude, j'avais pris du café noir et que je ne parvenais pas à dormir, les idées surgirent dans les foules. Je les sentais se heurter l'un contre l'autre jusqu'à ce que deux d'entre eux se collent, pour ainsi dire, pour former une combinaison stable. Au matin, j'avais établi l'existence d'une classe de fonctions fuchsiennes , celles qui dérivent des séries hyper-géométriques. Il me suffisait de mettre les résultats en forme, ce qui ne prenait que quelques heures . — "Science et Méthode ", p. 52.

Après avoir tiré les conclusions de cette découverte, il partit pour une excursion géologique à l'École des Mines. Les distractions du voyage l'ont détourné de son travail mathématique. Mais à Constance, au moment où il montait dans un omnibus pour quelque excursion, l'idée lui vint, sans aucun rapport avec ses pensées antérieures, que ses fonctions fuchsiennes étaient identiques dans leurs transformations à celles de la géométrie non euclidienne. Il prit place dans l'omnibus et continua sa conversation, absolument certain de sa découverte, qu'il rédigea à loisir en rentrant chez lui à Caen.

Il se consacra ensuite à l'étude des questions arithmétiques, sans parvenir à aucun résultat important et sans soupçonner que ce sujet pût avoir le moindre rapport avec ses recherches antérieures. Dégoûté de son insuccès, il alla passer quelques jours au bord de la mer, où il s'occupa d'autre chose. Un jour, alors qu'il marchait sur la falaise, la pensée lui vint, brève, soudaine et certaine comme d'habitude, qu'il avait employé les mêmes transformations dans son travail arithmétique et géométrique.

Il retourne alors à Caen et entreprend l'application systématique de sa théorie. Mais il fut arrêté par un obstacle insurmontable et, dans cette perplexité, il fut appelé à son service militaire au Mont- Valérien , où il n'avait pas de temps pour les mathématiques. Un jour, alors qu'il marchait dans la rue, la solution de la difficulté lui apparut en un éclair. Il n'a pas essayé d'y réfléchir à l'époque, mais après sa libération de l'armée, il a terminé ses mémoires sans problème.

Ces aperçus fascinants de l'âme d'un mathématicien rappelleront au lecteur de nombreux autres exemples d'une telle assistance subconsciente enregistrés et sans doute aussi des expériences personnelles. On pense à Alfred Russel Wallace à Ternate, le cerveau enflammé par la fièvre tropicale, saisi par la soudaine inspiration de la théorie de la sélection naturelle, la clé des problèmes biologiques qui l'avaient perplexe pendant tant de mois. Quelle chance que ses adversaires religieux ne soient pas au courant et ne puissent donc pas rejeter l'évolution comme le rêve d'une imagination malade. Mais comme James le dit dans ses « Variétés d'expériences religieuses », nous n'avons pas le droit de considérer les théories indésirables comme des fantaisies fébriles, puisque, pour autant que nous le sachions, 102° peut être une température plus favorable pour que la vérité germe et germe que la chaleur du sang ordinaire de l' homme . 98°.

Nous nous souvenons également de Kekulé de Bonn, qui s'interrogeait sur la constitution du benzène, essayant en vain de satisfaire six atomes de carbone par six atomes d'hydrogène alors qu'il en voulait quatorze. Le soir, alors qu'il était assis près du feu, son cerveau fatigué refusait de se reposer et il semblait voir les diablotins à quatre mains en carbone danser avec leurs partenaires manchots à hydrogène sur le sol. Soudain, six d'entre eux se sont donnés la main pour former un ring et le problème a été résolu. Depuis lors, le sextet benzénique a dansé sur des centaines de volumes et a ajouté chaque année des millions à la richesse de l'Allemagne. Le professeur Hilprecht de l'Université de Pennsylvanie a raconté comment un prêtre chaldéen, gardien de la "Bibliothèque du Temple", lui est apparu en rêve et lui a montré comment reconstituer les fragments d'une inscription cunéiforme qu'il s'efforçait depuis longtemps de rassembler. en vain traduire.

Ensuite, il y avait Stevenson aux Samoa, écrivant pour sa vie, mais ne manquant pas de reconnaître le mérite de ses « brownies » pour avoir fait une grande partie de son travail pour lui. Mais les brownies ne travaillent pas spontanément et ils ne fabriqueront pas de briques sans paille. Poincaré insiste sur la nécessité d'une période préliminaire d'effort conscient sans laquelle ces inspirations subliminales ne viennent jamais et d'une période ultérieure de vérification, de développement et d'application, sans laquelle elles sont infructueuses. De telles idées lui venaient le plus souvent le soir ou le matin, lorsqu'il était au lit et à moitié éveillé. Il ne considérait pas les opérations de son inconscient comme simplement mécaniques. Au contraire, il se distingue par le pouvoir de choisir, sélectionnant et présentant à l'ego conscient uniquement les combinaisons qui semblent rentables et importantes. Ce choix se fait, selon Poincaré , sous la direction de l'instinct artistique.

Les combinaisons habituelles sont précisément les plus belles ; Je veux dire celles qui peuvent le mieux charmer cette sensibilité particulière que tous les mathématiciens reconnaissent mais dont les profanes sont tentés de sourire. Parmi les nombreuses combinaisons que le moi subliminal a formées aveuglément, presque toutes sont sans intérêt et sans utilité. C'est pour cette raison qu'ils n'ont aucune action sur la sensibilité esthétique et ne viennent jamais à la conscience. Seuls ceux qui sont harmonieux, et par conséquent à la fois utiles et beaux, sont capables d'émouvoir cette sensibilité particulière du géomètre dont j'ai parlé et qui, une fois excitée, attire notre attention sur eux et leur donne ainsi l'occasion de devenir conscients . et Méthode ", p. 58.

Poincaré , si l'on en croit ce qu'il dit sur ce point, était un piètre joueur d'échecs et absolument incapable d'additionner correctement une colonne de chiffres. Mais le lecteur doit se méfier de l'erreur courante qui consiste à renverser une proposition de ce genre et à supposer que s'il fait lui aussi des erreurs, il a en plus l'esprit d'un grand mathématicien. La mémoire de Poincaré était cependant exceptionnellement bonne, notamment pour les chiffres et les formules. Au retour d'une promenade, il pouvait se rappeler les numéros des voitures qu'il avait rencontrées. Lorsqu'il était à l' Ecole Polytechnique , il suivait les cours de mathématiques sans prendre de notes et sans regarder le programme fourni par le professeur. C'était un calculateur mental rapide, utilisant l'imagerie auditive plutôt que visuelle. Il associait les couleurs au son des mots. [4]

On peut citer à ce propos une anecdote racontée par M. Jules Sageret : [5] Lors d'une *conférence* à l'Ecole supérieure de télégraphie, le directeur le fit venir pour discuter d'un problème très difficile de la propagation du courant électrique. Poincaré s'est conformé et a résolu le problème sans prendre de temps de préparation. Après la *conférence* , le directeur l'a félicité pour la solution. "Oui," dit Poincaré , "j'ai trouvé la valeur de x , mais est-ce en kilogrammes ou en kilomètres ?"

Poincaré ne trouvait pas rentable de travailler plus de deux heures à la fois. Son habitude était de rester à son bureau de dix heures à midi et de cinq à sept heures de l'après-midi, sans jamais travailler le soir après le dîner. Il buvait du vin aux repas, mais ne fumait jamais. Il se couchait à dix heures et se levait à sept heures, mais ne dormait pas profondément.

Il était blond, mesurait cinq pieds cinq pouces et pesait 154 livres. Sa tête était inhabituellement grosse, surtout en largeur. Ses yeux étaient myopes et instables. Il se tenait courbé , le front ridé relevé. Il parlait un peu lentement et d'un air désemparé, comme s'il pensait à autre chose, même s'il était peut-être à ce moment-là intéressé et très observateur. Il parlait volontiers l'anglais et l'allemand et lisait le latin et l'italien. Il aimait la musique, en particulier Wagner.

De la distraction qui le caractérisait depuis sa jeunesse, de nombreuses histoires sont racontées. Comme la plupart des mathématiciens, il aimait marcher en pensant, ses doigts s'ouvrant et se fermant dans un geste inconscient. Un jour, au retour d'une promenade, il fut surpris de constater qu'il portait une cage en osier, neuve et heureusement vide. Il ne pouvait imaginer comment il l'avait obtenu, mais en revenant sur ses pas, il trouva sur le trottoir le stock du vannier qu'il avait innocemment dépouillé.

Lorsque, alors qu'il était étudiant en ingénierie, il effectuait un voyage en Autriche, sa mère craignait qu'il laisse tomber son portfolio sans s'en apercevoir. Alors, comprenant sans doute que sa mémoire était auditive, elle y cousa des petites clochettes. Le plan a réussi. Sa mère découvrit à son retour qu'il avait rapporté dans sa valise non seulement le portefeuille mais aussi un drap autrichien soigneusement plié, qu'il avait pris un matin pour ses vêtements de nuit.

Ces anecdotes et d'autres semblables ont été racontées par M. Frédéric. Masson lorsqu'il accueillit M. Poincaré à l'Académie française, le 28 janvier 1909, [6] et cela dut être un peu embarrassant pour le nouveau membre d'entendre une analyse aussi minutieuse de sa vie et de son caractère qui lui était adressée dans le second. personne. Une citation montre à quel point le directeur de l'Académie mêlait habilement éloge et raillerie :

"Tu n'as pas tardé à révéler ta vocation et tu seras à juste titre cité comme le plus précoce des enfants prodiges. Tu avais neuf mois lorsque pour la première fois, pendant la nuit venue, tes yeux se tournèrent vers le ciel. Tu y vis une étoile s'éclairer. Vous l'avez signalé avec insistance à votre mère, qui était aussi votre nourrice. Puis vous en avez découvert une autre avec un certain étonnement, et votre raison s'est écriée : « *Enco lo la bas* ! Un troisième, un quatrième, encore des cris de joie et un enthousiasme égal. Tu as dû te coucher tellement tu étais excité à la découverte des étoiles. Ce soir-là, c'était ton premier contact avec l'infini, et tu avais inauguré tes cours d'astronomie, le plus jeune. professeur connu."

Henri Poincaré est né le 29 avril 1854 à Nancy, où ses ancêtres étaient établis de longue date. Son grand-père était pharmacien et son père un médecin plus érudit que d'habitude. Le nom, dit-il, était à l'origine Pontcaré , car on peut imaginer un pont carré mais pas une pointe carrée. Mais les philologues qui se saisirent de la question découvrirent dans les registres de l'université un étudiant nommé « Petrus Pugniquadrati » en 1403 et « Jehan Poing-quarré » en 1418, le nom Poincaré signifiait donc « poing fermé ». Son cousin, Raymond Poincaré , fils d'un ingénieur distingué, fut longtemps l'une des personnalités les plus marquantes du monde politique, membre de l'Académie, sénateur, ministre et aujourd'hui président de la république française.

Au *lycée de Nancy* , il dirigea toutes ses classes et montra une aptitude particulière pour l'histoire et la littérature. A l'âge de treize ans, il composa une tragédie en vers en cinq actes, et comme il était Lorrain, l'héroïne était bien sûr Jeanne d'Arc . Mais dès qu'il aperçoit une géométrie, sa véritable vocation lui apparaît. Son instructeur accourut chez lui et annonça à sa mère : "Madame, votre fils sera mathématicien."

Après avoir fréquenté l'École Polytechnique, il entra à l'École Nationale des Mines et, pendant quelques années après l'obtention de son diplôme, il servit comme ingénieur dans les départements gouvernementaux des mines et des chemins de fer. À l'âge de vingt-sept ans, il fut appelé à une chaire de mathématiques à l'Université de Paris, où il resta, occupant également les postes de professeur d'astronomie à l'École Polytechnique et de professeur d'électricité théorique à l'École professionnelle des Postes et Télégraphes. . Il fut reçu à l'Académie des sciences dès l'âge de trente-deux ans et, au moment de son élection à l'Académie française, il avait été honoré d'être élu membre par trente-cinq académies étrangères. Il prend très justement place à l'Académie française en tant que successeur de Sully-Prudhomme, lui aussi ingénieur de profession et philosophe de tempérament. Pour Poincaré comme pour Sully-Prudhomme, la science faisait appel au sens esthétique comme à la beauté et à l'inspiration de l'imagination.

Il s'est marié à l'âge de vingt-sept ans et a eu quatre enfants, trois filles et un fils. Sa sœur cadette est l'épouse du philosophe Émile Boutroux , bien connu dans ce pays pour les conférences qu'il a données à Harvard et Princeton.

Poincaré a joué un rôle déterminant dans l'introduction de méthodes améliorées dans l'enseignement des mathématiques, en promouvant l'utilisation de méthodes naturelles et dynamiques au lieu des méthodes abstraites et statiques d'Euclide et de Legendre. Il était sceptique à l'égard de la religion et indifférent à la politique. Appelé à contribuer à un colloque sur la vieille question du savant en politique [7] , il répondit que les savants, comme tous les citoyens, devaient s'intéresser aux affaires du pays. Mais la politique est devenue un métier, et un savant qui s'y lancerait devrait consacrer la moitié de son temps aux affaires publiques s'il voulait être utile et l'autre moitié à ses électeurs s'il voulait conserver son siège, il n'aurait donc pas le temps pour la science.

Lorsqu'on lui a demandé son opinion sur le droit de vote des femmes, [8] il a répondu comme suit :

Je ne vois aucune raison théorique de refuser le suffrage politique aux femmes, mariées ou non. Ils paient des impôts comme les hommes, et ils contribuent avec leurs fils, donc cela leur est encore plus lourd que pour les hommes. Le droit de vote des femmes est peut-être le seul moyen de lutter contre l'alcoolisme. Je ne crains que l'influence cléricale sur les femmes.

des réalisations qui ont donné à M. Poincaré sa renommée mondiale. Les lecteurs qui connaissent la signification et la valeur de ses travaux sur les fonctions fuchsiennes , hyper- fuchsiennes , thétafuchsiennes , abéliennes et elliptiques doivent aller plus loin pour obtenir des informations. Je ne peux que citer les opinions des personnes les plus compétentes pour exprimer une opinion sur ses contributions à la science. En 1905, il reçut le prix Bolyai de dix mille couronnes, décerné tous les cinq ans par l'Académie hongroise des sciences pour le meilleur travail mathématique réalisé au cours de cette période. Le rapport officiel de Gustave Rados commence ainsi :

"Henri Poincaré est incontestablement le premier et le plus puissant chercheur de l'époque actuelle dans le domaine des mathématiques et de la physique mathématique. Son individualité fortement marquée permet de reconnaître en lui un savant doué d'intuition, qui sait puiser au puits inépuisable de l'esprit. Les intuitions géométriques et mécaniques les éléments et les origines de ses recherches profondes et pénétrantes, mais utilisant en outre la puissance logique la plus admirable dans l'élaboration de ses conceptions. Outre son brillant génie inventif , il faut reconnaître en lui une capacité pour les choses les plus fines et les plus fécondes. généralisations des relations mathématiques, ce qui lui a souvent permis de repousser, bien au-delà du point où d'autres ont été jusqu'ici arrêtés, les limites de nos connaissances dans différentes branches des mathématiques pures et appliquées. Cela se montrait déjà dans ses premiers travaux sur les fonctions automorphes. avec lequel il commença la série de ses brillantes publications qui doivent être classées parmi les plus grandes découvertes mathématiques de tous les temps.

Dans ce pays, Poincaré s'est fait connaître en grande partie grâce aux efforts du professeur George Bruce Halsted de l'École normale d'État de Greeley, Colorado, qui a traduit ses œuvres philosophiques et a été pendant de nombreuses années infatigable à diffuser le nouvel évangile de la géométrie non euclidienne. . À ma demande, le professeur Halsted a aimablement contribué au récit suivant d'un des triomphes astronomiques de Poincaré et de la visite que le professeur Sylvestre de Johns Hopkins a rendue à Poincaré il y a de nombreuses années :

« Le noyau de la puissance de Poincaré réside dans un oracle que Sylvestre cite souvent d'Hésiode : Seul le génie sait combien la partie est bien plus que le tout. Il pénètre aussitôt la divine simplicité du cas parfaitement général, et descend de là, comme de l'Olympe. , aux particularités terrestres concrètes et particulières. Ainsi ses mémoires de 1885, qui, selon Sir George Darwin, lui sont venus comme une révélation, sur une masse fluide en rotation, et son livre "Les Méthodes nouvelles de la Mécanique céleste ", 1892-1899, étaient prêts à prévoir lorsque se produisit le cas particulier choquant de Phoebe, le neuvième satellite de Saturne, découvert en 1900, découvert par la suite, aussi incroyable que cela paraisse, comme tournant dans une direction contraire à celle de tous les autres. . Il s'ensuit que Saturne lui-même a initialement tourné dans le sens inverse. De nouveau, le 29 février 1908, fut découvert un huitième satellite de Jupiter, Jviii , tournant autour de Jupiter dans la direction rétrograde choquante de Phoebe. Zeus a dû se retourner. Toutes les planètes se sont retournées et certaines font maintenant un nouveau saut périlleux. De plus, Jviii ne tourne même pas sur une orbite fermée ; son chemin est une tornade ouverte de virages sans retour.

"Pour Poincaré , la source inépuisable, la lampe d'Aladin, a toujours été la géométrie non euclidienne. En lui, la foire aux fleurs à germes Bolyai - Lobachevski-Riemann.

" Personnellement Poincaré est le plus aimable des hommes. Dès notre première rencontre, je me suis rendu compte que j'étais déjà intimement associé à lui depuis deux ans en la personne de Sylvestre. Je lui racontai l'histoire de sa découverte par Sylvestre, et il me montra combien il était vivement et tendrement reconnaissant envers le grand vieux maître.

" Au milieu de l'été, et dans un escalier étouffant de Paris travaille un gnome géant, barbe sur une énorme poitrine, heureusement sans cou, car aucun cou ne pourrait supporter une tête aussi monstrueuse, chauve sans le halo inversé de cheveux qui collent sa jonction avec les larges épaules ; petit des mains inefficaces tenant un grand chapeau et un mouchoir humide; le souffle gonflé par la chaleur et l'effort. C'est Sylvestre, déterminé à rechercher la source de nouvelles créations étrangement proches de la sienne. A la porte recherchée, ouverte, il s'arrête, saisi par doute, la personne intérieure est si jeune, si légère, si hébétée. Serait-ce la nouvelle incarnation de l'éternel génie du monde qu'est la géométrie ? Mais la sensibilité distante du visage, la large sphéricité de la tête le rassurent. C'est Henri . Poincaré . Et ainsi le vieux roi trouve le Vrai Prince, qui à son tour se retrouve enfin vraiment compris, oint pour la succession et doté d'un grand cœur pour établir sa domination.

La mort subite d'Henri Poincaré , le 18 juillet 1912, à l'âge de cinquante-huit ans, choqua le monde scientifique. Cette merveilleuse machine à penser a été arrêtée, ce dépositaire des sciences exactes a été perdu pour le monde, par le petit accident d'un caillot de sang coincé dans l'une des valvules du cœur. Il s'était rendu à l'hôpital pour une opération mineure qui semblait avoir réussi. Dix jours plus tard, il était suffisamment bien pour partir et il était en train de s'habiller lorsqu'il fut frappé.

Les funérailles ont eu lieu à l'église de Saint-Jacques-du-Haut-Pas en présence d'un remarquable rassemblement d'hommes de science et de lettres, de fonctionnaires gouvernementaux et de représentants de pays étrangers. Au cimetière du Montparnasse, des oraisons ont été prononcées par M. Guist'hau , ministre de l'Instruction publique, Jules Claretie de l'Académie française, M. Appell , doyen de la Faculté des sciences, M. Bigourdan de l'Observatoire, Paul Painlevé de l'Académie des sciences. Sciences, et le général Cornille , commandant de l'École polytechnique . M. Painlevé disait de lui :

"La vie d'Henri Poincaré fut une méditation intense et ininterrompue, cette méditation despotique et impitoyable qui courbe les épaules et courbe la tête, qui absorbe les influx vitaux de son être et use trop vite le corps qu'il possède.

"Henri Poincaré n'était pas seulement un grand créateur des sciences positives ; il était un grand philosophe et un grand écrivain. Certains de ses aphorismes rappellent Pascal : " La pensée n'est qu'un éclair entre deux longues nuits, mais cet éclair est tout. ' Son style suivait le mouvement de sa pensée : des formules brèves et saisissantes, souvent paradoxales lorsqu'elles sont isolées, auxquelles s'ajoutent des explications hâtives qui écartent les détails faciles et ne disent que l'essentiel. C'est pourquoi des critiques superficielles l'ont accusé d'être « incohérent » ; la vérité étant donné que sans une certaine formation scientifique préalable, un tel mouvement logique est difficile à suivre. Les souris ne peuvent pas suivre le pas d'un lion.

« C'est également un manque de compréhension de sa philosophie dans son ensemble qui a conduit certains commentateurs à penser qu'ils trouvaient un scepticisme transcendantal dans ses études critiques des principes de la science. Ne fallait-il pas avoir foi en la science qui a écrit « La recherche » ? car la vérité doit être le but de notre activité ; elle est le seul but qui en soit digne. » Sa philosophie de la science rationnelle vivra aussi longtemps que ses propres découvertes. L'ensemble des sciences mathématiques lui apparaissait comme un gigantesque instrument de mesure. , harmonieusement ajusté et bien adapté à l'évaluation des phénomènes de l'univers. Il reste un trait de son caractère que je ne peux passer sous silence, c'est son admirable sincérité intellectuelle. Il s'est donné, il a donné à tous, dans la mesure du possible. les mots le permettent, l'ensemble de sa pensée et même le mécanisme de sa pensée. Dans sa dernière publication, parue quelques jours seulement avant sa mort et traitant du problème de la stabilité de notre univers, il s'excusait de donner des résultats aussi incomplets :

" Il semblerait dans ces conditions que je devrais m'abstenir de toute publication jusqu'à ce que j'aie résolu le problème, mais après les efforts infructueux que j'ai déployés pendant des mois, il m'a paru plus sage de laisser mûrir le problème pendant que je le laisse tranquille pendant quelques mois. années. Cela aurait été très bien si j'avais été sûr de m'y remettre un jour , *mais à mon âge je ne pouvais pas en être sûr* . D'ailleurs, l'importance du sujet est trop grande, et les résultats déjà obtenus sont en somme trop considérables pour que je me contente de les laisser tout à fait inutiles. J'espère que les géomètres qui s'intéresseront à ce problème et qui seront sans doute plus chanceux que moi pourront en tirer quelque chose et s'en servir pour trouver la voie qu'ils doivent suivre.

« Quels mots ajouter à ce testament scientifique, si simple et si noble, d'une vie tout entière consacrée, sans faiblir jusqu'à la dernière heure, à la recherche de la vérité ? Pour la première fois depuis un demi-siècle, ce cerveau sans précédent a trouvé repos."

Poincaré , comme nous l'avons vu, était éveillé aux aspects plus larges de la science. Il s'intéressait à ses effets sur la vie et la conduite humaines, bien qu'il soit lui-même engagé dans l'une de ses branches les plus lointaines et les plus abstraites. Peu avant sa mort, il discuta d'une question qui suscite aujourd'hui un vif intérêt, celle de savoir quel effet le progrès et la vulgarisation de la science auront sur l'éthique. La science, en détruisant les superstitions, en changeant complètement la manière traditionnelle de considérer l'univers et l'homme, sapera-t-elle la moralité qui constitue le fondement de notre civilisation ? À cette question, Poincaré répond par la négative. Il estime que nos instincts moraux sont trop profonds pour être affectés par une telle révolution de la pensée, mais d'un autre côté, il ne pense pas, comme certains le pensent, que la science sera un jour capable, à elle seule, de répondre à l'impératif moral. Quelques paragraphes de cet essai, publié à titre posthume dans « Last Thoughts », pourraient bien servir de conclusion à cette esquisse de sa philosophie :

Il ne peut y avoir de morale scientifique ; mais il ne peut plus y avoir de science immorale. Et la raison est simple; c'est une raison — comment dire ? — purement grammaticale.

Si les prémisses d'un syllogisme sont toutes deux à l'indicatif, la conclusion sera également à l'indicatif. Pour que la conclusion soit mise à l'impératif, il faudrait qu'au moins une des prémisses soit elle-même à l'impératif. Or, les principes de la science, les postulats de la géométrie, ne sont et ne peuvent être qu'à l'indicatif ; c'est toujours dans ce même état d'esprit que sont les vérités expérimentales, et au fondement des sciences il n'y a, il ne peut y avoir rien d'autre. Ainsi, le dialecticien le plus subtil peut jongler à sa guise avec ces principes, les combiner, les encadrer les uns sur les autres ; tout ce qu'il en tirera sera à l'indicatif. Il n'obtiendra jamais de proposition qui dira : faites ceci ou ne faites pas cela ; c'est-à-dire une proposition qui confirme ou contredit la morale.

Certains pensent donc que la science sera destructrice ; ils craignent la ruine qu'elle provoquera et redoutent que, là où elle sera passée, la société ne puisse plus survivre.

N'y a-t-il pas dans ces craintes une sorte de contradiction interne ? S'il est scientifiquement prouvé que telle ou telle coutume, considérée comme indispensable à l'existence même de la société humaine, n'avait pas en réalité l'importance qu'on lui attribue et ne nous trompait que par sa vénérable antiquité, si cela est prouvé, en admettant cette preuve possible, la vie morale de l'humanité sera-t-elle ébranlée ? De deux choses l'une : ou bien cette coutume est utile, et alors une science raisonnable ne peut pas prouver qu'elle ne l'est pas ; ou bien cela ne sert à rien et il ne faut pas le regretter. A partir du moment où nous mettons au fondement de nos syllogismes une de ces émotions généreuses qui engendrent la morale, c'est encore cette émotion, et par conséquent c'est encore la morale qu'il nous faut retrouver au bout de toute notre chaîne de raisonnements, si celle-ci a été menée selon les règles de la logique. Ce qui risque de périr, c'est le non-essentiel, ce qui n'était qu'un accident dans notre vie morale ; la seule chose importante ne peut manquer de se trouver dans les conclusions puisqu'elle est dans les prémisses....

La science, qu'elle soit bonne ou fausse, est déterministe ; partout où elle pénètre, elle introduit le déterminisme. Tant qu'il ne s'agit que de physique ou même de biologie, cela n'a pas d'importance. Le domaine de la conscience reste inviolé. Que se passera-t-il lorsque la morale deviendra à son tour objet de science ?

Tout est désespoir, ou si un jour la morale devait s'accommoder du déterminisme, pourrait-elle s'y adapter sans en mourir ? Une révolution métaphysique aussi profonde aurait sans doute bien moins d'influence sur la morale qu'on ne le pense. Il va de soi que la répression pénale n'est pas en cause. Ce qu'on appelle crime ou châtiment, s'appellerait maladie ou prophylaxie, mais la société garderait intact son droit, qui n'est pas de punir, mais simplement le droit de se défendre. Ce qui est plus grave, c'est que la notion de mérite ou d'inaptitude devrait disparaître ou se transformer. Mais nous devons continuer à aimer l'homme bon, comme nous aimons tout ce qui est beau ; on n'aurait plus le droit de haïr l'homme vicieux, qui n'inspirerait alors que du dégoût ; mais la haine est-elle nécessaire ? Assez pour qu'on ne cesse pas de détester le vice.

A part cela, tout continuerait comme par le passé. L'instinct est plus fort que toute métaphysique, et quand même on l'aurait mis à nu, quand même on comprendrait le secret de sa force, sa puissance n'en serait pas pour autant affaiblie. La gravitation est-elle moins irrésistible depuis Newton ? Les forces morales qui nous guident continueront à nous guider. [9]

COMMENT LIRE POINCARÉ

Une bibliographie analytique complète des écrits de Poincaré jusqu'en 1909 se trouve dans « Henri Poincaré » d' Ernest Lebon (Paris : Gaultier-Villars), qui contient le discours biographique de M. Frédéric Masson sur son admission à l'Académie française et d'autres éloges funèbres. La liste comprend 436 articles et livres classés comme suit : Analyse mathématique, 146 ; mécanique analytique et céleste, 85 ; physique mathématique, 78 ;

philosophie scientifique, 51 ; nécrologie, 17 ; divers, 59 ; un résultat étonnant pour trente ans de travail, compte tenu de la quantité et de la difficulté du travail impliqué dans certaines des contributions.

Les travaux mathématiques de Poincaré sont trop difficiles pour le profane et même pour de nombreux mathématiciens professionnels. Mais il existe cinq volumes d'intérêt général publiés par Flammarion, Paris : "La Science et l'Hypothèse ", "La Valeur de la Science", "Science et Méthode ", "Savants et Ecrivains " et " Dernières Pensées". Le premier d'entre eux a connu une grande popularité, ayant été traduit en anglais, allemand, espagnol, hongrois et japonais. La traduction anglaise de « Science and Hypothesis », du professeur George Bruce Halsted (New York : Science Press), parue en 1905, est introduite par une critique intéressante de la philosophie de Poincaré par le professeur Josiah Royce, de Harvard. Deux ans plus tard, « La valeur de la science » était publié dans ce pays (Science Press). "Science et Méthode ", bien qu'il contienne des sujets d'intérêt plus général que les autres, en particulier son exposé du rôle joué par l'esprit inconscient dans l'invention mathématique et son explication des conceptions plus récentes de la physique, n'est pas encore paru en anglais. Le quatrième volume, "Savants et Ecrivains ", témoigne de la bonne volonté de Poincaré plutôt que de ses talents littéraires, car il consiste en des discours superficiels sur des académiciens décédés, le plus détaillé étant celui sur Sully-Prudhomme, dont il occupe la chaire. Le cinquième, publié après sa mort, contient l'essai sur « Science et moralité » que j'ai cité, ainsi que d'intéressantes discussions sur la science et la philosophie récentes. Le volume intitulé "Foundations of Science" (publié par Science Press, New York) contient "Science and Hypothesis", "Value of Science" et "Science and Method" avec l'introduction du professeur Royce.

A partir de l'un ou l'autre des deux volumes, « Science et Hypothèse » ou « La Valeur de la Science », on peut se faire une idée de la philosophie de Poincaré , ce qui est important car il ne s'agit pas simplement de la philosophie d'un individu mais du point de vue de la plupart des individus. hommes de science d'aujourd'hui, bien que rarement reconnus ou exprimés avec autant de précision. Les deux livres consistent en une collection quelque peu hétérogène d'études sur la méthode et la logique des sciences mathématiques et physiques, contenant beaucoup de choses que le lecteur général devra sauter en raison de l'utilisation de termes peu familiers, mais il ne sera pas prudent pour lui de les sauter. des pages entières sans les parcourir attentivement, car il est susceptible de trouver des phrases brillantes et suggestives enchâssées dans le matériel le moins prometteur.

Des articles séparés de Poincaré , formant des chapitres des volumes mentionnés ci-dessus, sont accessibles dans des périodiques américains. "L'avenir des mathématiques" dans *Monist* , Vol. XX, pages 76 à 92 ;

également dans le rapport Smithsonian de 1909, qui se trouve dans toutes les bibliothèques publiques. "Le choix des faits" dans *Monist* , Vol. XIX, p. 231-239. "Les principes de la physique mathématique" dans le rapport du Congrès des arts et des sciences de Saint-Louis, Vol. I, pp. 604-624, et dans *Monist* , Vol. XV, p. 1-24. « Le Prix Bolyai » (Rapport sur les travaux de Hilbert) dans *Science* , 19 et 26 mai 1911. « Créations mathématiques » dans *Monist* , Vol. XX, p. 321-335. « La valeur de la science » a été publié pour la première fois dans son intégralité dans le *Popular Science Monthly* , en septembre 1906, et plus tard ; "Relativité de l'espace", "Les nouvelles logiques" et "Chance" dans le *Moniste* , 1913.

Pour des détails biographiques outre les références déjà données dans les notes de bas de page, voir l'article de Nordmann sur Poincaré dans Smithsonian Report, 1912 ; éloge funèbre de Darbou dans *Le Temps* , 15 décembre 1913 ; et articles dans *la Revue du Mois* , 10 février 1913 ; *La Revue de Paris* , 15 février 1913 ; *La Nation,* 12 septembre 1912.

[1] "Science et Méthode ", p. 101.

[2] Partie III de « La valeur de la science ».

[3] M. Poincaré , en racontant ces expériences pour leur intérêt psychologique, a eu la gentillesse de dire que le lecteur non mathématicien n'a pas à s'effrayer de ces noms barbares, car il n'est pas du tout nécessaire qu'il sache ce qu'ils signifient. .

[4] Le Dr Toulouse a consacré un volume de sa série d'études médico-psychologiques sur les hommes de génie aux observations sur la mémoire, le temps de réaction, le mode de pensée, les habitudes et la constitution physiologique d'Henri Poincaré (Paris : Flammarion) .

[5] *Revue des Idées* , 1909, p. 488.

[6] L'adresse de Masson se trouve dans la bibliographie de Le Bon ; également dans *Popular Science Monthly* . Un récit divertissant de la réception de Poincaré à l'Académie a été écrit pour *Le Figaro* par André Beaunier et traduit pour le Boston *Transcript* .

[7] *Revue bleue* , 4 juin 1907, p. 708.

[8] *La Revue* , 1910.

[9] Traduit par le professeur Halsted de "Science et morale" dans *Dernières Pensées* .

CHAPITRE IV

ÉLIE METCHNIKOFF

Depuis qu'on a tenté de découvrir une base rationnelle de la moralité, la nature humaine, considérée essentiellement comme bonne, a été prise comme base. Les religions et les systèmes philosophiques, en revanche, qui ont essayé de trouver un autre fondement à la moralité, ont considéré la nature humaine comme fondamentalement vicieuse. La science a pu nous dire que l'homme, descendant des animaux, a dans sa nature des qualités bonnes et mauvaises, et que sa vie est rendue malheureuse par ces mauvaises qualités. Mais la constitution de l'homme n'est pas immuable et peut-être pourrait-elle être modifiée pour le mieux.

La moralité ne devrait pas être fondée sur la nature humaine dans son état vicié actuel, mais sur la nature humaine, idéale, telle qu'elle pourrait être dans le futur. Avant toutes choses, il faut essayer de modifier l'évolution de la vie humaine, c'est-à-dire transformer ses disharmonies en harmonies (Orthobiose). Cette tâche ne peut être entreprise que par la science, et c'est à elle qu'il faut donner l'occasion de l'accomplir. — « La nature de l'homme », de Metchnikoff, p. 288.

Si Carlyle écrivait maintenant ses « Héros et culte du héros », il devrait ajouter – même s'il n'aurait pas aimé le faire – un chapitre sur « Le héros en tant que scientifique ». Car l'idéal populaire de grandeur a été radicalement modifié au cours du dernier demi-siècle et de nouveaux standards d'héroïsme ont été établis. Le génie créateur commence à prendre le pas sur le génie destructeur, et les hommes commencent à reconnaître que l'héroïsme de ceux qui sauvent des vies peut être tout aussi grand et est certainement plus admirable que l'héroïsme mesuré par un monument de crânes. Une preuve frappante de ce changement d'appréciation du public nous est fournie par le référendum organisé par le *Petit Parisien* il y a quelques années pour savoir quels étaient les Français considéraient comme les plus grands noms que leur pays avait produits au XIXe siècle. Quinze millions de réponses ont été envoyées, de sorte que le résultat peut être considéré comme représentant le consensus d'opinion dans une plus grande mesure que ne le font généralement *les plébiscites de journaux* . Il fallait s'attendre à ce que le nom de Napoléon figure en tête de cette liste. Cela aurait été le cas dans presque n'importe quel autre pays, à l'exception de la France. Mais la France, toujours vouée au culte de *La Gloire* et jusqu'ici surtout captivée par sa forme belliqueuse ; La France, où tout homme est formé dans l'armée et instruit dans des écoles établies dans le but avoué d'augmenter la force militaire de la nation ; La France place

Napoléon au quatrième rang dans la liste des hommes éminents et met en tête le nom d'un modeste chimiste et physiologiste, Louis Pasteur. [1] Il est communément observé que les idées nouvelles et les tendances sociales ont tendance à se manifester en France plus tôt qu'ailleurs. L'horloge française semble être rapide, toujours un peu en avance sur l'heure moyenne européenne. Si tel est le cas, nous pouvons nous attendre à ce que d'ici peu d'autres pays viennent à rendre l'honneur et, ce qui est plus important, l'opportunité et les encouragements nécessaires aux scientifiques, aux inventeurs et aux auteurs qui confèrent la gloire à leur pays au profit du monde entier.

Le digne successeur de Pasteur à la direction de l'Institut qu'il a fondé est le sujet de cette esquisse, Élie Metchnikoff. Le premier des médecins français, il n'est ni né français ni formé comme médecin. Comme Pasteur, il entre dans le domaine de la médecine en franchissant la frontière d'une autre science. Tout homme qui poursuit une ligne droite de pensée constatera qu'elle le mène à travers bon nombre de ces lignes imaginaires qui ont été tracées entre les sciences, tout comme un aviateur traversant l'Europe à bord d'un avion ne prête aucune attention aux frontières artificielles et historiques qui divisent les sciences . État à État. Pasteur était un chimiste, un chimiste inorganique en plus, et il cherchait la cause de l'asymétrie des cristaux lorsqu'il se retrouva dans le domaine de la biologie. Il avait entrepris de séparer les cristaux d'acide tartrique inclinés vers la gauche de ceux qui étaient inclinés vers la droite en les retirant du mélange à la main, mais il a découvert qu'il pouvait confier le fardeau de la sélection à une agence dont le temps était moins précieux. , à savoir la levure, qui a un appétit pour un type de cristaux, mais dédaigne l'autre. Cela l'a conduit à la théorie des germes de la vie et de la maladie et lui a permis d'économiser chaque année des millions pour les agriculteurs, les éleveurs et d'innombrables vies humaines.

L'expérience de Metchnikoff était similaire. En tant que zoologiste , il s'intéressait moins à l'homme qu'aux invertébrés, consacrant son temps à l'étude des formes de vie les plus infimes dans les steppes arides de Russie et dans les eaux méditerranéennes. C'est en Italie, à Messine, en 1882, qu'il fit la découverte qui le rendit célèbre comme l'un des bienfaiteurs du genre humain. Or, si un homme se fixait délibérément un tel objectif, s'il était incité par l'égoïsme à devenir célèbre, ou inspiré par l'altruisme pour soulager les souffrances de l'humanité, la dernière chose qu'il tenterait serait de s'asseoir dans un laboratoire toute la journée, les yeux rivés sur un microscope, observant les globules sanguins se poursuivant dans les veines d'une étoile de mer en bas âge. Mais comme Metchnikoff était moins influencé par les deux motifs mentionnés que par le désir de la vérité en soi et sans égard aux conséquences, toutes ces choses lui ont été ajoutées. Si les anti-vivisectionnistes parvenaient à leurs fins, l'expérimentation sur les animaux, si elle était autorisée, serait réservée aux médecins et à l'objectif spécifique de guérir les maladies. Ce serait cependant l'un des moyens les plus sûrs de freiner le progrès médical, car le progrès d'une science ne doit généralement pas grand-chose à ceux qui sont professionnellement engagés dans sa pratique ou qui ont les yeux fixés sur un résultat pratique de leurs recherches. Le monde peut au moins se réjouir que, grâce à la libéralité du droit français, l'œuvre de ces deux hommes n'ait jamais été entravée : Pasteur, qui a découvert la cause de la maladie, et Metchnikoff, qui a découvert la cause de l'immunité . Ce sont là les deux pierres angulaires de la fondation sur laquelle est aujourd'hui érigée la structure d'un système rationnel d'hygiène dont le but est de prolonger la vie humaine par l'élimination des maladies plutôt que par leur guérison. Le changement qui s'opère en médecine est analogue à celui qui s'opère en philanthropie. Le philanthrope moderne semble insensible car, au lieu de jeter une pièce de monnaie dans le chapeau d'un mendiant, comme le faisait autrefois le charitable, il se consacre à une étude systématique des causes de la pauvreté. Le médecin moderne est également incompris s'il semble indifférent à la souffrance qui l'entoure et s'il est absorbé par l'étude de problèmes biologiques lointains n'ayant aucun rapport perceptible avec les besoins humains. Mais les résultats bénéfiques de la méthode scientifique, tant en philanthropie qu'en médecine, sont déjà suffisamment apparents pour nous permettre de voir qu'elle fera bien plus pour l'humanité que la bienveillance aimable mais aveugle du passé.

La renommée de la France dans les arts, la littérature et les sciences est en grande partie la récompense de son hospitalité en donnant aux hommes d'autres pays la liberté et les encouragements qu'ils ne pouvaient trouver chez eux. Maeterlinck en est un exemple. Un autre est Metchnikoff. Il quitta son pays natal principalement en raison d'une divergence d'opinions sur des questions politiques entre lui et le tsar. Non pas qu'il ait jamais été révolutionnaire, mais en tant que juif de race, athée en religion et libéral en politique, il était triplement odieux aux pouvoirs en place, et après l'assassinat d'Alexandre II en 1881, les étudiants étaient trop passionnés par la politique pour s'occuper de leurs études. Il a donc démissionné de son poste de professeur à l'Université d'Odessa et est parti à l'étranger pour se consacrer à la recherche biologique.

Il est né dans la province de Kharkov, Petite Russie, le 15 mai 1845. Son père était officier des gardes, puis général. Sa mère était juive, et c'est d'elle qu'il tira l'amour pour la science qui se manifesta très tôt. Il a remporté une médaille d'or au lycée de Kharkov et a fréquenté l'université de cette ville en deux ans au lieu des quatre habituels. Il part ensuite en Allemagne et étudie à Giessen, Göttingen et Munich. De retour dans son pays natal, il enseigna à l'Université de Saint-Pétersbourg et, en 1870, se rendit à Odessa pour y occuper la chaire de zoologie .

Les années passées en études privées, principalement à Messine, ville sismique sicilienne, furent des plus fructueuses, car ses recherches sur la digestion intercellulaire chez de minuscules invertébrés marins lui donnèrent la clé de l'action protectrice du sang chez les animaux supérieurs et chez l'homme , et en 1884, il exposa sa théorie de l'inflammation, selon laquelle la congestion du sang au niveau d'une plaie était due aux efforts des leucocytes ou des globules blancs pour vaincre les microbes envahisseurs. La valeur de cette découverte fut immédiatement reconnue par les deux plus grandes autorités en biologie : Virchow, l' Allemand, qui avait découvert les leucocytes, et Pasteur, le Français, qui avait découvert les microbes. Metchnikoff avait désormais trouvé le chaînon manquant qui rapprochait ces deux découvertes et en montrait la signification.

En 1888, Metchnikoff fut appelé à l'Institut Pasteur et en devint le directeur en 1895. Il trouva ici une occasion exceptionnelle de consacrer ses talents au soulagement de l'humanité souffrante. De telles institutions pour le progrès de la science médicale ont depuis été créées ailleurs : l'Institut de Thérapeutique Expérimentale de Francfort-sur-le-Main, le Laboratoire de Recherche sur le Cancer de Londres, l'Institut Rockefeller de New York, par exemple ; mais le peuple français fut le premier à répondre au besoin de celui qu'il s'est plu à honorer en dotant, en 1886, d'une institution qui devait poursuivre son œuvre autant que perpétuer son nom. Le prix Nobel de la découverte la plus importante en médecine a été partagé en 1908 entre Metchnikoff, de l'Institut Pasteur, et le professeur Paul Ehrlich, de l'Institut de Francfort, qui a fait ces derniers temps "606" la marque de la bête, au lieu de 666, comme prophétisé dans l'Apocalypse. Le prix Nobel de 1912, le docteur Alexis Carrel, bien que français de naissance, trouva dans l'Institut Rockefeller l'occasion de poursuivre ses remarquables recherches sur la conservation et la transplantation de tissus vivants.

Le cadre artistique donné à cette maison des sciences est typiquement français. Le visiteur s'en approche opportunément par le long et beau boulevard Pasteur, puis en tournant dans une rue latérale, il trouve à sa gauche l'Institut Pasteur et à sa droite les bâtiments plus imposants de l'Institut des Maladies Infectieuses et du Laboratoire de Chimie Biologique, récemment érigés. pour réaliser le traitement que le travail expérimental de l'autre côté de la rue a suggéré. Un nouveau département a été ajouté pour l'étude des maladies tropicales comme la maladie du sommeil, qui a dépeuplé une grande partie de la région de Nyanza. Cette extension des travaux est rendue possible par la réception en 1909 du legs de huit millions de dollars de l'avare et excentrique banquier juif qui se faisait appeler Osiris.

Alors que le visiteur entre dans la cour de l'Institut, les nerfs déjà secoués par des pensées de microbes et de chiens enragés, il est presque surpris d'apercevoir, à moitié caché parmi les arbres, un homme engagé dans une lutte à mort avec un loup. Il s'agit d'une statue en bronze de Jupile , un berger qui, mordu par un loup fou, fut l'un des premiers malades à recevoir le traitement Pasteur contre la rage. Dans une crypte de marbre et de mosaïque située sous le bâtiment se trouve le tombeau de Pasteur, aussi impressionnant, quoique moins imposant, que le tombeau de Napoléon sous la coupole des Invalides, non loin de là. La salle de réception de l'Institut est ornée de grands tableaux montrant les miracles modernes de la guérison, mieux authentifiés que ceux de Sainte Geneviève représentée par Puvis de Chavannes sur les murs du Panthéon.

Le professeur Metchnikoff n'est généralement pas accessible aux visiteurs, notamment aux intervieweurs, mais comme j'étais armé d'une lettre d'introduction du professeur Jacques Loeb, de l'Institut Rockefeller, qu'il considère comme le plus grand des scientifiques américains, j'ai eu la chance de le trouver dans .

Il a une silhouette plutôt courte et une grosse tête, avec une barbe grise touffue, mais des cheveux encore foncés. Ses lunettes ne suffisent pas à donner de la sévérité à ses doux yeux bleus. Sa voix est basse et agréable, et il parle en bougeant, sans hâte ni hésitation. C'est un travailleur parmi les ouvriers, inspirant par son zèle infatigable les jeunes gens qui viennent chez lui d'Europe, d'Amérique et d'Asie pour poursuivre leurs recherches en bactériologie.

Une promenade à l'Institut Pasteur s'apparente à une visite dans un jardin zoologique , car l'étude de chaque maladie humaine particulière nécessite la découverte de certaines espèces qui y sont également sensibles. Voici non seulement les chiens, les cobayes et les rats communs à tout laboratoire de bactériologie, mais encore bien d'autres étroitement liés aux intérêts particuliers de Metchnikoff ; les perroquets et les oies, par exemple, remarquables par leur longévité ; les chauves-souris, qui mangent de la nourriture pourrie tout en maintenant un tractus intestinal aseptique ; et les chimpanzés, qui, en tant que véritables parents de l'homme, sont capables de partager les pires de ses maladies.

Comme Agassiz, Metchnikoff n'a « pas le temps de devenir riche ». Dans sa maison de la banlieue parisienne, il donne l'exemple de la simplicité de vie qu'il prône, complétant le maigre salaire qui lui est versé à l'Institut par les revenus d'un petit domaine en Russie. Les vingt mille dollars qu'il a reçus de la Fondation Nobel, il les a entièrement consacrés à la poursuite de ses recherches sur la longévité.

M. Metchnikoff a donné la meilleure preuve possible qu'il n'a aucune aversion personnelle pour les femmes qui entrent dans sa profession, car il a épousé en 1875, en seconde épouse, un bactériologiste russe distingué. Il lui a dédié son premier volume de « Optimistic Studies », dans lequel il cite ses expériences sur la croissance de têtards exempts de microbes. Elle est à la fois artiste et scientifique, et ici aussi M. Metchnikoff partage ses goûts, car il aime la peinture et la musique. Ils n'ont pas d'enfants, mais il a un filleul à qui il se consacre.

Son grand respect pour l'individualité l'amène à considérer avec faveur l'entrée des femmes dans les universités et les professions libérales. Il ne craint pas qu'elle aboutisse à la production d'une classe de célibataires correspondant aux ouvrières asexuées de la ruche. Au contraire, son observation du mouvement féministe depuis plus de quarante ans lui a montré que les dames savantes ne manquent nullement des instincts conjugaux et maternels communs et propres à leur sexe. Sur un millier de femmes étudiant à l'École de médecine de Saint-Pétersbourg, dix pour cent avaient déjà été mariées et quarante-quatre pour cent l'étaient au cours de leurs études. Un cas remarquable de génie scientifique féminin est celui de Sonya Kovalevsky, qui a atteint la plus haute éminence dans un domaine qui, du commun accord des hommes, était autrefois considéré comme inaccessible aux femmes ; c'est-à-dire des mathématiques pures. Mais le jour où elle reçut le double prix de l'Académie française des sciences , elle écrivit à une amie qu'elle ne s'était jamais sentie aussi malheureuse, et que la cause de son malheur, comme le révélaient ses lettres et ses romans, était qu'elle n'était pas aimée autant que possible. d'autres femmes l'étaient.

Quoique Metchnikoff accorde aux femmes toutes les occasions d'exercer leurs talents, et pense qu'elles feraient mieux de s'occuper de la science que des modes, il croit que le génie d'un ordre élevé est beaucoup plus rare chez elles que chez les hommes. Lorsqu'il fut interpellé par les femmes médecins et scientifiques du Congrès des naturalistes de Saint-Pétersbourg pour son opinion sur le mouvement féministe, il créa parmi elles une consternation considérable par le langage franc suivant :

Votre plainte, si je comprends bien, est que l'homme a exclu la femme de toute occupation intellectuelle supérieure par des moyens contre nature, de sorte que son esprit s'est atrophié, ses capacités émoussées, ses talents stagnés. Vous remédieriez à tout cela en devenant l'égal de l'homme en politique. Vous développeriez alors, dites-vous, vos capacités endormies, dépasseriez, et peut-être surpasseriez, votre esclavagiste immémorial — l'homme.

Mais a-t-on vraiment besoin de cette égalité politique pour atteindre cette suprématie ? Les opprimés parmi les hommes en ont-ils jamais eu besoin ? Son égalité politique est devenue un effet et non la cause de son développement intellectuel. L'esprit qui domine le monde artistique et scientifique parvient finalement à la suprématie politique.

Mais quel art ou quelle science l'homme vous a-t-il fermé ? Tu es là; mais vraiment, mesdames, je n'ai pas trouvé parmi vous un Bichat, un Louis, un Jenner ou un Pasteur. Avez-vous personnellement été plus gêné dans votre carrière que certains individus parmi les hommes ? Prenons maintenant les arts. Existe-t-il un homme-maître si contre nature qui ait jamais interdit à son esclave de s'exprimer en musique ? Mais où sont vos Beethoven , vos Wagner

, vos Verdis , vos Brahms ? Je vous en supplie, chères dames, si vous vous en souvenez, dites-le-moi.

Quel propriétaire d'esclaves brutal a jamais interdit aux femmes d'embellir la toile avec des teintes et des lignes satisfaisantes illustrant la vie ou la nature ? Comme dans la musique, l'homme a encouragé les femmes à faire ces choses, mais où sont vos Raphaël , vos Léonard , vos Rubense ? A-t-il été interdit aux femmes de modeler, de sculpter ou de dessiner ? Mais où est ton Phidias, ton Michel-Ange, ton Cellini ? Avez-vous déjà entendu parler d'une femme architecte ?

Là-bas, foyer et maternité, bien sûr, les plus radicaux d'entre vous ne diront pas que l'homme a tenté de vous retenir : là-bas, vous avez eu de tout temps , à tous les âges, en tous lieux, dans toutes les conditions, une liberté absolue et pleine. Mais n'est-ce pas l'homme, l'esclavagiste, qui vous apprend l'économie domestique ? N'est-ce pas de l'homme que vous avez appris à soigner vos enfants malades, à les amuser lorsqu'ils sont en bonne santé ? Qui a découvert les lois de l'hygiène domestique ? Était-ce une femme ?

Maintenant, mes chères dames, l'homme vous a-t-il déjà exclu de la cuisine ? Non, dites-vous, vous y avez été réduit en esclavage. "Cuisinez ! Nourrissez la brute !" est éternellement résonné dans vos oreilles. Il semblerait raisonnable que, au moins dans ce domaine, la femme ait atteint un haut niveau de perfection. Et le résultat réel ? Ah, mesdames, je dois l'avouer. Si je veux un très bon dîner, je dois recourir à un chef.

Et maintenant, mesdames, je vous demande pardon, vous avez toutes étudié la physiologie et la psychologie, et vous savez où de telles considérations me mèneraient. Mais un mot encore : ne perdez pas de vue la portée de votre demande : « Professeur, quelle est votre opinion sur le mouvement féministe ? car cela justifie parfaitement votre cas : pour défendre votre cause, vous feriez appel à l'aide de l'homme.

Metchnikoff n'apprécie guère les méthodes politiques en vogue dans nos républiques. Il pense que les jeunes hommes sont trop imprudents, opiniâtres et pessimistes pour se voir confier le scrutin à l'âge de vingt et un ans. « Il est facilement compréhensible, dit-il, que dans les nouvelles conditions, des idoles modernes telles que le suffrage universel, l'opinion publique et le référendum, au cours desquels les masses ignorantes sont appelées à trancher des questions qui exigent des connaissances variées et profondes, perdureront. pas plus longtemps que les vieilles idoles. Les progrès de la connaissance humaine entraîneront le remplacement de telles institutions par d'autres dans lesquelles la moralité appliquée sera contrôlée par des personnes réellement compétentes. Mais il ne nous dit pas comment ces « personnes compétentes » doivent être sélectionnées et placées au pouvoir.

Rendre compte des recherches variées que Metchnikoff a menées ou dirigées à l'Institut Pasteur est hors de notre propos et serait de toute façon impossible ici, car cela impliquerait la récapitulation d'une grande partie de l'histoire du progrès médical. depuis un quart de siècle. Au cours de cette période, la science médicale a été complètement révolutionnée, car l'utilisation de remèdes traditionnels et empiriques a été largement remplacée par une recherche systématique des causes des maladies et la détermination expérimentale de méthodes permettant de les éviter ou de les combattre. En général, le changement peut être caractérisé comme un retour à la nature. Dans l'ancienne médecine, à son meilleur, une dose d'une substance végétale ou minérale, telle que la quinine ou le mercure, relativement inoffensive, mais totalement étrangère au corps, était administrée par la bouche et, avec le temps, atteignait le sang par le système digestif, tuait éteint ou paralysé le germe de la maladie. Dans le meilleur de la médecine moderne, une substance, telle que l'antitoxine diphtérique, qui est déjà présente dans le sang en quantité suffisante dans des circonstances ordinaires pour prévenir l'infection, est renforcée en cas d'urgence par une plus grande quantité de la même substance préparée dans le sang du patient. cheval. Ou si cela ne peut pas être fait, la meilleure chose à faire est d'injecter du sérum qui, par une réaction naturelle, stimulera le corps à préparer en excès sa propre antitoxine ou excitera les phagocytes à de plus grands efforts pour vaincre leurs ennemis. Dans tous les cas, le but est d'induire une immunité artificielle aussi proche que possible de l'immunité naturelle du corps sain.

Phagocytes, c'est-à-dire « cellules dévorantes », était le nom donné par Metchnikoff aux leucocytes ou globules blancs qu'il trouvait errant dans le corps à la recherche de leurs proies. Ils mènent une sorte de vie semi-indépendante, comme l'animal unicellulaire le plus simple, l'amibe, et pénètrent dans toutes les parties du corps, se faufilant même entre les tissus durcis de la peau et des os. Lorsqu'une coupure est faite dans la peau, ils sont transportés jusqu'à la brèche par le flux du sang et s'y entasse et coagulent, formant une nouvelle peau pour protéger la chair crue, un peu comme on comble à la hâte une brèche dans un rempart avec des sacs de sable. . Non seulement cela, mais lorsque l'ennemi parvient réellement à entrer, soit en prenant d'assaut une blessure, soit en se faufilant par une ouverture non gardée, alors les cellules blanches se mobilisent pour attaquer, encerclant et détruisant les microbes envahisseurs. Si celles-ci se multiplient trop rapidement, les réserves phagocytaires sont mobilisées, de nouvelles recrues par millions sont appelées, jusqu'à ce que la force corporelle soit victorieuse ou épuisée. Nous appelons une telle bataille une inflammation locale ou, si l'engagement est général et prolongé, une fièvre. Au microscope, nous pouvons observer les ennemis engagés dans un combat singulier, le phagocyte dévorant le bacille, une masse vivante et informe de protoplasme étendant des tentacules improvisés et engloutissant le bâton, le globe ou la spirale se tordant que nous pouvons ensuite voir digérer lentement à l'intérieur. .

Certes, l'opération n'est pas aussi simple que Metchnikoff l'avait imaginé au départ. Une condition est toujours plus compliquée que la théorie conçue pour l'expliquer. La question a été vivement débattue et n'est pas encore tranchée si les phagocytes nous défendent le mieux par leur vie ou par leur mort. Il semble qu'en se dissolvant , ils cèdent au sang certaines substances qui dissolvent les germes de la maladie ou neutralisent leurs poisons, et cela peut être un moyen de défense plus important que le processus d'englobement ou d'engloutissement. Et puis, ces globules blancs semblent parfois étrangement indifférents à la présence de leurs plus chers ennemis ou, peut-être devrions-nous dire, de leur nourriture préférée. Il faut alors dans le sang une substance connue sous le nom d'opsonine, qui, étant absorbée par les microbes, les phagocytes les attaquent avec avidité ; cette opsonine, comme l'a dit quelque biologiste, anglais sans doute, comme la sauce Worcestershire comme apéritif aux phagocytes.

Mais pour une discussion plus approfondie de ces questions , je dois renvoyer le lecteur à son médecin de famille, qui se fera un plaisir de répudier mes interprétations vagues et fantaisistes. Il saura dire si la phagocytose ou la bactériolyse est le mode à la mode pour combattre les germes de maladies et il présentera au lecteur l'alexine, l'agglutinine, les anticorps, les chaînes latérales et autres nouveautés intéressantes et utiles qu'il contient en lui à un plus grand ou à un plus grand public. moindre degré, espérons-le plus grand.

Mais ces mêmes globules blancs voraces qui servent habituellement de défenseurs au corps peuvent, dans les périodes de faiblesse, devenir ses pires ennemis. Cela nous rappelle les gardes prétoriennes qui, dans les derniers jours de Rome, précipitèrent son déclin en attaquant la capitale. Les phagocytes manifestent une fâcheuse prédilection pour les éléments supérieurs de l'organisme humain et, selon Metchnikoff, le symptôme le plus pénible de la vieillesse, l'affaiblissement de l'esprit, serait dû à leur dévoration des cellules nerveuses. Mais en plus de cela, ils font des ravages dans tout le corps ; manger le pigment des cheveux et ainsi les blanchir ; provoquant une dégénérescence du foie et des reins ; privant le squelette de son calcaire et le déposant dans les vaisseaux sanguins, causant ainsi un double dommage en affaiblissant les os et en durcissant les artères. Dans ces symptômes de sénilité , les germes de la maladie constituent un facteur important, à la fois en affaiblissant le corps et en provoquant l'insurrection perfide des phagocytes. Metchnikoff arrive ainsi à la conclusion que : « La dégénérescence sénile d'un organisme est tout à fait semblable aux lésions induites par certaines maladies d'origine microbienne », et il arrive ainsi à sa célèbre définition : « La vieillesse est une maladie infectieuse chronique, caractérisée par une dégénérescence ou un affaiblissement des éléments nobles et par l'activité excessive des phagocytes.

Si la vieillesse est correctement qualifiée de maladie, et surtout si elle est due en partie à une invasion microbienne, il devrait être possible de la guérir ou de la retarder. C'est donc là que Metchnikoff a fait ces dernières années le principal objectif de ses recherches.

Il soupçonne en particulier le gros intestin d'abriter certains des ennemis microscopiques les plus dangereux de l'homme, cause de nombreux maux dont la chair est l'héritière. Il s'agit selon lui d'un organe excessif et relativement sans importance, car il peut être raccourci ou retiré sans conséquences graves. Une étude comparative de l'anatomie des vertébrés montre qu'en règle générale, plus l'intestin est long, plus la vie est courte. Il ne préconise pas son extirpation chirurgicale ni sa désinfection chimique, mais il supplanterait sa flore sauvage et venimeuse par des espèces cultivées inoffensives. Parmi les microbes amicaux, il considère les bacilles lactiques comme les plus utiles à cet effet. Ceux-ci agissent sur le sucre du lait ou des fruits et les transforment en acide lactique, qui est destructeur pour la plupart des autres microbes, y compris certains des plus dangereux. Par exemple, de mystérieuses épidémies de fièvre typhoïde ont récemment été attribuées à des « porteurs de la typhoïde » ; c'est-à-dire des personnes qui, bien qu'elles soient elles-mêmes immunisées contre la maladie, peuvent néanmoins servir de vecteurs de l'infection pendant des années. Mais une colonie florissante de bacilles bulgares chassera les bacilles typhoïdes et mettra ainsi un terme à la propagation de la maladie.

La différence entre les bactéries inoffensives et nuisibles sur lesquelles repose la théorie de l'acide lactique est facile à comprendre car il s'agit d'une question d'observation courante. La viande et le lait ont à peu près la même composition en ce qui concerne leurs protéines. Mais tandis que la viande se gâte rapidement, c'est-à-dire se putréfie, avec formation de produits de décomposition dégoûtants et toxiques, le lait au contraire se détériore et reste sain et, à certains goûts, agréable au goût pendant plusieurs jours. Tous deux sont le résultat d'une décomposition bactérienne, mais la différence est due au fait que le lait contient une sorte de sucre qui, inoculé avec les bacilles appropriés, se transforme en acide lactique, et ainsi la croissance des bactéries de putréfaction est pendant un certain temps interrompue. empêché. Mais dans certaines circonstances, il arrive que ces dernières déclenchent les producteurs d'acide lactique, et alors le lait passe dans le sens de la viande, et nous avons un cas d'« empoisonnement aux ptomaïnes ». Bref, le but de l'ingestion en gros de cultures de bacilles lactiques est de maintenir le contenu des régions éloignées de notre appareil digestif à l'état de lait caillé plutôt que de viande pourrie. Récemment, le même traitement a été recommandé pour conserver les dents, puisque ces bacilles doux et bienfaisants, frottés sur les gencives, dépossèderont ceux qui poussent ordinairement dans notre bouche et attaquent nos dents.

Pour l'aider dans sa lutte contre les poisons bactériens responsables de la maladie et de la vieillesse, Metchnikoff a eu recours à ses steppes natales. Les Tartares et les Kalmouks du sud de la Russie ont toujours eu pour aliment favori le koumiss, préparé par fermentation du lait de jument, et les nomades de toutes races ont utilisé une certaine forme de lait caillé, principalement à cause de la difficulté de conserver d'autres espèces d'animaux. nourriture dans des conditions primitives. Le keffir du Caucase, le leben d'Egypte, le matzoon d'Arménie, le dadhi de l'Inde et le yahourth de Bulgarie sont tous produits à partir du lait par l'utilisation de diverses espèces de bacilles lactiques associés à d'autres bactéries de fermentation. Parmi ceux-ci, le dernier, le yaourt bulgare , ou yaourt , contient les bacilles les plus puissants ; c'est-à-dire ceux qui sont capables de supporter le plus grand pourcentage du produit de leur propre activité, l'acide lactique, et c'est pourquoi Metchnikoff en a fait la base de sa diététique.

Une proportion étonnamment élevée de centenaires est signalée en Bulgarie, où l'on consomme du yaourt , et Metchnikoff cite un grand nombre de cas d'hommes et de femmes extrêmement âgés qui ont vécu en grande partie de lait aigre ou de choucroute, qui contient également des bacilles lactiques. . [2] La plupart d'entre eux se trouvent parmi les classes les plus pauvres ou parmi les races relativement non civilisées. Sir Moses Montefiore est l'un des rares hommes riches à avoir dépassé le cap du siècle. Metchnikoff utilise cela comme argument en faveur d'une vie simple. Mais on peut se demander si ces données, dérivées de rapports occasionnels de cas individuels et d'observations généralisées de voyageurs, ont une grande valeur probante. Les affirmations sur la longévité parmi les illettrés sont notoirement peu fiables. Il serait très dangereux de prétendre que les nègres vivaient plus longtemps que les blancs, car tant de mamans pouvaient se souvenir de Washington. Lorsque le projet de loi britannique sur les pensions de vieillesse a été adopté, le nombre de personnes pauvres en Irlande qui ont prouvé qu'elles avaient plus de soixante-cinq ans a surpris les actuaires et embarrassé le budget. Les femmes sont susceptibles de restituer au cours de leur vieillesse le double des années dont elles se sont privées à la fin de la trentaine.

Il est également curieux de voir un sceptique comme Metchnikoff réfléchir sérieusement aux récits de longévité contenus dans le Pentateuque, que de nombreux théologiens orthodoxes sont prêts à reconnaître comme légendaires. Il rechigne, en effet, aux neuf cent cinquante ans de Noé et aux neuf cent soixante-neuf ans de Mathusalem, mais accepte comme probables les cent vingt-trois ans d'Aaron et les cent vingt de Moïse, citant les paroles de Jéhovah : " Mon esprit sera ne luttez pas toujours avec l'homme pour que lui aussi soit chair ; pourtant ses jours seront de cent vingt ans. Il l'explique par leur mode de vie plus sain et par leur absence d'alcoolisme et de maladies du vice, aujourd'hui la principale cause de vieillesse prématurée. Il attire également l'attention sur le fait que le lait aigre était d'usage courant parmi les patriarches et qu'Abraham le considérait comme un aliment propre à être présenté aux anges. Concernant les règles alimentaires mosaïques , il dit :

Certaines d'entre elles, il est vrai, comme l'interdiction de la viande crue ou partiellement cuite, sont confirmées par les connaissances modernes. Mais la plupart des règles mosaïques, comme par exemple l'interdiction de consommer comme nourriture du sang ou de la chair de porc ou de lièvre, etc., sont en opposition directe avec une connaissance moderne de l'hygiène alimentaire.

Metchnikoff, en tant que scientifique, utilise, bien entendu, ces rapports sur la longévité recueillis auprès des historiens et des voyageurs simplement comme suggérant des pistes de recherche rentables, et non comme preuve d'une quelconque théorie. Une telle preuve ne peut être obtenue que par expérimentation directe, et c'est pourquoi il expérimente sur lui-même depuis quinze ans. Le peuple pasteur n'appartient pas à cette classe de médecins qui refusent de prendre leurs propres médicaments. Metchnikoff a encore le cœur faible à cause d'une inoculation intentionnelle de fièvre récurrente, et certains de ses collaborateurs se sont inoculés avec la plus répugnante des maladies pour en tester un remède. Brown- Séquard , du Collège de France, tenta, à l'âge de soixante-douze ans, de se rajeunir par des injections de sécrétions animales, mais ses espoirs se révélèrent infondés.

Mais le moyen préconisé par Metchnikoff pour prévenir la sénescence, même s'il ne répondra peut-être jamais à ses attentes, a du moins le mérite d'être inoffensif, car il s'agit simplement de l'emploi systématique d'un aliment qui a été utilisé par une grande partie de la population. la race humaine depuis les temps les plus reculés. Le but étant de coloniser les bacilles lactiques de la partie inférieure du tube digestif, la meilleure manière d'y parvenir reste à trouver. La consommation généreuse de babeurre ou de lait caillé, bien que cela puisse être nutritif ou autrement bénéfique, n'atteint pas nécessairement l'objectif, car les bacilles peuvent avoir été en grande partie tués par l'acidité ou peuvent être détruits dans l'estomac. Prendre une dose de bacilles sous forme séchée, sous forme de comprimé ou de poudre, peut ne pas remplir son objectif, car ils sont dans un état inactif et peuvent ne pas être en mesure de prendre pied faute d'aliments appropriés, tels que lait ou sucre de fruit. Metchnikoff a donc adopté le plan de prendre des cultures pures de bacilles bulgares et paralactiques dans du lait pasteurisé ou du bouillon sucré ainsi que dans la confiture et dans une sorte de bonbon préparé à partir de dattes cuites trempées dans les cultures pures. Il s'abstient de toute boisson alcoolisée et n'utilise que des aliments cuits et de l'eau bouillie. Son alimentation quotidienne se compose en outre de trois à cinq onces de viande, de céréales, de légumineuses et de compotes de fruits. [3]

Cela va à l'encontre des partisans de l'alimentation crue, mais ici Metchnikoff a le meilleur argument. Il remet également en question l'opportunité d'une mastication excessive telle que préconisée par M. Fletcher, et cite des cas où la santé a été endommagée par cette pratique et la maladie qui en a résulté a été guérie par une alimentation plus rapide. [4]

Dès que le docteur Metchnikoff fit connaître sa théorie, le public, toujours à la recherche d'un nouvel « élixir de vie », demanda du lait fermenté et l'approvisionnement fut immédiat, pas toujours satisfaisant. De nombreuses cultures vendues à cet effet sous forme de poudre ou de tabloïds ou distribuées en boisson dans les fontaines à soda sont inactives et inutiles, ou contiennent d'autres formes de bactéries, parfois indésirables. J'ai trouvé assez facile de préparer le lait fermenté à la maison, où l'on dispose des cultures appropriées. Il suffit de stériliser le lait en le chauffant jusqu'au point d'ébullition ou à proximité de celui-ci et en le gardant là pendant dix minutes ; puis refroidir rapidement à 100° Fahr . et ajoutez le ferment en tabloïds ou en poudre ou une partie de l'ancien lot, et gardez couvert à cette température pendant douze heures. Une bouteille sous vide ou une cuisinière sans feu sont pratiques pour maintenir la température uniforme. Le lait fermenté correctement préparé est quelque peu épaissi, légèrement acide et agréable au goût même pour ceux qui n'aiment pas le babeurre ordinaire.

Les opinions de Metchnikoff quant à la valeur de l'acide lactique ont suscité non seulement le scepticisme et les critiques légitimes de la profession médicale, mais aussi le ridicule habituel de la presse. "Qui voudrait vivre cent cinquante ans s'il devait boire du lait caillé trois fois par jour ?" » est demandé, et il est évoqué comme « le Ponce de Leon moderne à la recherche de la fontaine de jouvence immortelle et la trouvant dans le lactosérum ». Bien entendu, Metchnikoff ne doit pas être tenu responsable des attentes exagérées fondées sur ses théories ou des contrefaçons imposées au public en son nom. Il s'agit certes d'un penseur original et d'un expérimentateur audacieux, mais il n'est pas un sensationnaliste ou un chercheur d'applaudissements populaires. Il n'a jamais dit qu'il espérait vivre cent cinquante ans ou que quiconque pourrait le faire en suivant son régime. Mais il considère que cette période est plus proche de la durée normale de la vie humaine que la limite communément acceptée de soixante-cinq ou soixante-dix ans, et qu'elle peut être atteinte grâce aux progrès de la science médicale. Bien qu'il soit issu d'une famille éphémère et que tous ses frères soient morts à un âge beaucoup plus jeune que celui qu'il a atteint aujourd'hui, sa santé est exceptionnellement bonne pour un homme de soixante-dix ans, et il est toujours aussi travailleur et entreprenant. Il ne s'agit pas simplement de prolonger la vie pour laquelle il travaille, mais de prolonger la période de vie utile et agréable. S'il était resté à l'Université d'Odessa, il aurait été retiré de sa chaire pour cause de vieillesse en 1900, l'année précédant la publication de son deuxième et plus grand ouvrage, celui sur « L'immunité dans les maladies infectieuses ».

Le titre qui a été donné à son livre le plus populaire dans sa version anglaise, "The Prolongation of Life", n'a pas été choisi par lui et dénature son objectif. Il considère ce volume ainsi que son prédécesseur, « La nature de l'homme », comme des « Études de philosophie optimiste ». Ils sont écrits pour montrer que la science n'est pas seulement utile pour faciliter et améliorer le sort des êtres humains, mais qu'elle est également un guide de conduite adéquat et capable de lui fournir des idéaux d'aspiration future. À une époque où, à son avis, la religion a perdu son pouvoir et où les hommes pensants n'ont plus foi en l'immortalité, il les voit se tourner vers le mysticisme d'une part et vers le pessimisme de l'autre, et son but est de trouver une issue qui n'implique pas non plus. En tant qu'exposition de la Religio Medici du XXe siècle, son œuvre a une grande signification, et même ceux qui envisagent avec confiance une vie future pour rectifier les disharmonies de celle-ci peuvent lire avec intérêt les opinions de celui qui ne croit pas à sa foi. sur ce qui peut être accompli pour perfectionner les conditions d'existence et peut sympathiser et seconder ses efforts en vue d'une telle amélioration.

Au fond, son but me semble être le même que celui d'Épicure : soulager l'humanité de ses deux grands maux, la douleur et la peur, la peur des dieux et la peur de la mort, le premier à se dissiper en le montrant imaginaire. et la seconde en accueillant la mort au moment opportun. Comme Épicure aussi, mais contrairement à la plupart des épicuriens, Metchnikoff prêche une vie simple et évite le luxe et la dissipation de toutes sortes. "Ce serait un véritable progrès", dit-il, "d'abandonner la cuisine moderne et de revenir aux plats plus simples de nos ancêtres", et il s'oppose, pour des raisons d'hygiène, aux vêtements, aux habitations et aux coutumes sociales modernes.

Une société appelée « Les Optimistes » a été créée à Paris pour augmenter la somme et l'intensité du bonheur humain et étendre les limites d'une vie active et agréable. Le fondateur est le Docteur E. Dagincourt et la secrétaire est Mme. Languet de Bellevue, qui a donné cinquante mille dollars au mouvement. Outre le professeur Metchnikoff, le club comprend Jean Finot , dont la « Science du bonheur » et la « Philosophie de la longévité » présentent des idéaux similaires aux « Études optimistes » de Metchnikoff ; Camille Flammarion, éminent astronome et auteur ; le professeur Charles Richet, qui reçut le prix Nobel des découvertes médicales en 1913 ; Eugène Brieux, auteur de "Damaged Goods" et d'autres drames réformateurs ; et Edmond Perrier, directeur du Muséum d'histoire naturelle.

Optimisme Metchnikoff considère comme la philosophie naturelle de la vieillesse lorsqu'une juste appréciation de la valeur de la vie est atteinte et que le pessimisme juvénile est dépassé.

Cependant, dans le cours normal de la vie, les jeunes ne manifestent pas d'attachement instinctif à la vie à un degré quelconque. Ils risquent souvent leur vie pour des raisons insignifiantes et commettent toutes sortes d'indiscrétions nuisibles à la vie ou à la santé, sans penser aux conséquences. Ils peuvent être inspirés par les motivations les plus élevées, mais ils sont également prêts à gaspiller leurs forces pour satisfaire les appétits les plus bas. La jeunesse est l'âge du sacrifice désintéressé, mais aussi de l'indulgence dans toutes sortes d'excès, alcooliques, sexuels et autres. Les jeunes semblent penser qu'ils attacheront toujours la même valeur à la vie, et qu'entre la mort à trente ans et la mort à soixante il n'y a de différence que de temps. Comme leur amour de la vie est indifféremment développé, les jeunes sont souvent extrêmement exigeants, le plaisir qu'ils jouissent n'est que modéré, tandis que la souffrance provoquée en eux par le moindre contrariété est intense. Ils deviennent alors des épicuriens au sens le plus bas du mot, ou bien s'abandonnent à un pessimisme exagéré. — « La nature de l'homme », p. 116.

Le pessimisme était la philosophie militante du XIXe siècle, et ses effets se font de plus en plus sentir dans la tendance mondiale actuelle au suicide, au suicide individuel dû à l'échec de l'instinct de vivre et au suicide racial dû à l'échec de sa propagation. Mais même le pessimisme, aussi néfaste soit-il pour l'humanité, peut, selon Metchnikoff, avoir son utilité :

C'est le pessimisme qui a été le premier à dresser un véritable réquisitoire contre la nature humaine, et si la douleur doit être considérée comme utile en tant que signal de danger, nous devons également reconnaître que la vision pessimiste de l'univers est un pas en avant dans le monde. évolution de l'humanité. Sans pessimisme, nous pourrions facilement sombrer dans une sorte de fatalisme satisfait et aboutir au quiétisme, à la manière de nombreuses religions . — "Nature of Man", p. 194.

La différence entre le pessimiste philosophique et l'optimiste scientifique peut être illustrée par deux incidents. En 1831, Schopenhauer, malgré sa théorie selon laquelle la vie était mauvaise et pire que rien, s'enfuit de Berlin pour Francfort dès la première épidémie de choléra. Mais rappelons-nous que Metchnikoff, optimiste déclaré et amoureux de la vie, se rendit en 1911 en Mandchourie, au cœur de la peste bubonique sous sa forme la plus virulente, pour apprendre à soulager les souffrances humaines. La différence est celle entre les pleurnichards et les assistants.

Schopenhauer a écrit qu '«une altération de l'atmosphère si légère qu'elle ne peut être détectée par la chimie provoque le choléra, la fièvre jaune ou la mort noire». Le commentaire sec de Metchnikoff à ce sujet est le suivant : «

L'humanité sera heureuse si les philosophes pessimistes se trompent autant sur leurs autres griefs qu'ils l'ont prouvé sur la maladie et la médecine. » Et il ajoute que si Koch avait découvert son vibrion en 1831, la philosophie aurait suivi un cours différent, car Schopenhauer n'aurait pas eu besoin d'être effrayé loin de Berlin, et Hegel, mort du choléra, aurait pu poursuivre le développement de son vibrion. idéalisme.

Un autre paradoxe apparaît dans le fait que Metchnikoff, qui fait peu de cas de l'altruisme dans son système moral, a consacré sa vie à des recherches ardues et dangereuses pour le bénéfice d'autrui et, sans espoir de récompense dans une autre vie, ni dans le bouddhisme ni dans le monde. Le sens chrétien a travaillé assidûment à jeter les bases d'une science dont la postérité puisse profiter. Il considère l'altruisme non pas comme une vertu permanente et indispensable, mais comme quelque chose dont il faut se débarrasser progressivement, du moins dans ses formes extrêmes d'héroïsme et d'abnégation. Comme c'est là un des points les plus frappants et, me semble-t-il, les plus originaux de sa philosophie, il faut citer un passage :

Comme il est hautement probable qu'avec le progrès de la civilisation, les plus grands maux de l'humanité s'atténueront, voire disparaîtront, les sacrifices à consentir diminueront également. Maintenant qu'il existe un sérum qui protège contre la peste, il n'y a plus de place pour l'héroïsme des médecins qui couraient autrefois le plus grand danger dans la lutte contre les épidémies. Jusqu'à récemment, les médecins risquaient leur vie en soignant la gorge des patients diphtériques. Un jeune médecin, un de mes amis, très compétent et prometteur, est mort de la diphtérie contractée dans ces conditions. Il a rencontré la mort, isolé de ses amis au cas où cela les affecterait, avec le plus grand héroïsme. Maintenant que le sérum antidiphtérique a été découvert, un tel héroïsme serait inutile. Les progrès de la science ont supprimé l'occasion de tels sacrifices.

Cela fait maintenant très longtemps qu'il n'y a plus eu d'occasion pour l'héroïsme qui a poussé la main d'Abraham à sacrifier son fils unique à sa religion. Le sacrifice humain, fondé sur la plus haute moralité, est devenu de plus en plus rare, et finira par disparaître. La morale rationnelle, même si elle admire une telle conduite, n'en a aucune utilité. De même, elle peut prévoir un temps où les hommes seront si hautement développés qu'au lieu de se réjouir de profiter de la sympathie de leurs semblables, ils la refuseront catégoriquement. Ni l'idée kantienne de la vertu, faisant du bien comme un pur devoir, ni celle d'Herbert Spencer, selon laquelle les hommes ont un besoin instinctif d'aider leurs semblables, ne se réaliseront à l'avenir. L'idéal sera plutôt celui d'hommes qui se suffiront à eux-mêmes et qui ne permettront plus aux autres de leur faire du bien. — "Prolongation of Life", p. 323.

De même qu'il s'oppose aux conditions qui exigent de la sympathie et du sacrifice de soi d'une personne envers une autre, il s'oppose également à tout état de société qui implique le sacrifice ou la subordination de l'individu au profit de la communauté dans son ensemble.

Il est très probable qu'aucune nuance de socialisme ne pourra résoudre le problème de la vie sociale dans un respect suffisant pour le maintien de la liberté individuelle. Néanmoins, les progrès de la connaissance humaine entraîneront inévitablement un grand nivellement des fortunes humaines. La culture intellectuelle amènera les hommes à renoncer à bien des choses qui sont superflues, voire nuisibles, et que la plupart des gens considèrent encore comme indispensables. Les conceptions selon lesquelles la plus grande chance réside dans l'évolution complète du cycle normal de la vie humaine et selon laquelle ce but peut être atteint plus facilement par des habitudes simples et sobres convaincront les hommes de la folie d'une grande partie du luxe qui raccourcit aujourd'hui l'existence humaine. Tandis que les riches choisiront un mode de vie plus simple et que les pauvres pourront vivre mieux, la propriété privée, acquise ou héritée, pourra néanmoins être maintenue. L'évolution doit être progressive et nécessite beaucoup d'efforts et de nouvelles connaissances. La sociologie, science naissante, doit apprendre de la biologie, sa sœur aînée. La biologie nous enseigne qu'à mesure que l'organisation se complexifie, la conscience de l'individualité se développe, jusqu'à atteindre un point où l'individualité ne peut plus être sacrifiée à la communauté. Parmi les créatures basses telles que les Myxomycètes et les Siphonophora , les individus disparaissent totalement ou presque totalement dans la communauté ; mais le sacrifice est petit, car chez ces créatures la conscience de l'individualité n'est pas apparue. Les insectes sociaux se trouvent à un stade intermédiaire entre celui des animaux inférieurs et celui de l'homme. Ce n'est que chez l'homme que l'individu a acquis définitivement la conscience, et c'est pourquoi une organisation sociale satisfaisante ne peut la sacrifier sous prétexte du bien commun. C'est à cette conclusion que m'amène l'étude de l'évolution sociale des êtres vivants. Il est clair que l'étude de l'individualité humaine est une étape nécessaire dans l'organisation de la vie sociale des êtres humains . — "Prolongation of Life", p. 231.

On pourrait penser, en lisant « La nature de l'homme », que Metchnikoff posait les bases d'une philosophie pessimiste plutôt qu'optimiste. Il commence, comme auraient pu le faire Schopenhauer ou Von Hartmann, par montrer combien est mal adapté à son environnement cet avortement simien que nous appelons homme. Parmi les exemples d'adaptation merveilleusement parfaite de la structure ou de l'instinct dans la nature, on cite les orchidées de Darwin et les guêpes de Fabre. M. Fabre semble indispensable aux philosophes français. Nous avons vu que Maeterlinck et

Bergson tirent de cet « Homère des insectes » quelques-unes de leurs plus belles illustrations. Mais l'homme n'est pas aussi favorisé par la nature que les orchidées ou les guêpes :

Il ne fait aucun doute que la constitution humaine, quoique parfaite et sublime à bien des égards, présente de nombreuses et graves disharmonies qui sont la source de tous nos troubles. N'étant pas aussi bien adaptée aux conditions de vie que le sont par exemple les orchidées pour leur fécondation par l'intermédiaire des insectes, ou les guêpes fouisseuses pour la protection de leurs petits, l'humanité ressemble plutôt à ces insectes dont l'instinct guide vers la flamme qui brûle leurs ailes.

Dans la première moitié du XIXe siècle, huit volumes furent publiés au prix de cinq mille dollars chacun, connus sous le nom de Traités de Bridgewater sur « La puissance, la sagesse et la bonté de Dieu telles qu'elles se manifestent dans la création », utilisant comme illustrations la structure de l'ouvrage. main, les instincts des animaux, la chimie de la digestion et d'autres sources inexploitées de théologie naturelle. La science n'était pas mauvaise pour l'époque, et l'argument n'était pas non plus totalement fallacieux. Mais les auteurs ont oublié une chose, à savoir que Bridgewater est un jeu auquel deux peuvent jouer, et qu'il serait également possible de remplir huit autres volumes en choisissant un ensemble de faits différent, presque tout aussi imposant, pour prouver quelque chose de très différent. soit qu'il n'y a pas de Dieu, soit qu'il y a un diable, soit l'athéisme, soit le manichéisme. La « Nature de l'homme » de Metchnikoff fournit une grande partie du matériel qu'un avocat du diable aurait pu utiliser dans ses Traités anti-Bridgewater.

Mais Metchnikoff, écrivant au XXe siècle, en fait un tout autre usage. Il n'a sans doute jamais lu les Traités de Bridgewater, et beaucoup d'entre nous non plus. Il n'y a aucune raison de le faire maintenant. Ils sont devenus du papier de rebut, non pas parce qu'ils étaient faux, mais parce que toute la masse des arguments contre eux a disparu, l'argument à moitié reconnu et inconscient contre le théisme qui découle de l'existence indéniable de disharmonies et d'imperfections dans l'univers. Ce champ de bataille est désert ; même si la même lutte continue, elle se déroule sur un terrain plus élevé. Ce changement a été provoqué par l'introduction de l'idée d'évolution. Nous réalisons désormais que nous ne vivons pas dans un univers statique. Le théisme fondé sur l'évolution peut reconnaître sereinement les discordes et les échecs qui seraient fatals au théisme de l'ère Bridgewater. Et Metchnikoff, en tant qu'athée, n'est pas non plus troublé par l'existence d'instincts trompeurs et d'organes inutiles et producteurs de maladies, car en les interprétant à la lumière de l'évolution, il échappe au bourbier du pessimisme du XIXe siècle et arrive triomphalement au but de l'optimisme .

Du moins, il le dit. Je ne vois pas que son argument mène à l'optimisme au sens strict du terme, même s'il le conduit certainement à un méliorisme très sensé et plein d'espoir. Le point le plus faible de sa doctrine de l'orthobiose me semble sa théorie de l'euthanasie, selon laquelle à la fin du « cycle normal » de la vie – quel qu'il soit – le désir de vivre est remplacé par un instinct de mort. Les preuves qu'il apporte à l'appui de cette affirmation sont très rares et discutables. Il est curieux de constater que ce sont les expériences du frère de Metchnikoff qui ont fourni à Tolstoï la matière du tableau le plus poignant de la peur de la mort de toute la littérature, « La mort d'Ivan Ilitch » ?

Dans "La Prolongation de la vie", Metchnikoff consacre une grande place à l'analyse des première et deuxième parties de "Faust" et de la vie de Goethe, qu'il considère manifestement comme un excellent exemple d'une vie complète et bien ordonnée. Le lecteur remarquera que s'il condamne les habitudes de boisson de Goethe parce qu'elles portent atteinte à sa constitution, il n'a, du point de vue d'un naturaliste, aucun mot à blâmer pour ses amours légères, car celles-ci ont contribué au développement de son génie. C'est pour le moins une vision très unilatérale de la question.

Mais ce volume s'intéresse à l'exposé plutôt qu'à la critique des auteurs évoqués, c'est pourquoi je conclurai le chapitre par une citation qui résume sa philosophie et expose ses idéaux :

Pour progresser vers cet objectif, la nature devra être consultée en permanence. Déjà, dans le cas des éphémérides, la nature a produit un cycle complet de vie normale se terminant par une mort naturelle. Dans le problème de son propre destin, l'homme ne doit pas se contenter des dons de la nature ; il doit les diriger par ses propres efforts. De même qu'il a su modifier la nature des animaux et des plantes, l'homme doit tenter de modifier sa propre constitution, afin d'en réajuster les disharmonies.

Les sélectionneurs se font une conception du résultat idéal lorsqu'ils sont sur le point de tenter la production d'une nouvelle variété qui sera esthétiquement agréable et utile à l'homme. Ensuite, ils étudient les variations individuelles existantes chez les animaux et les plantes sur lesquels ils souhaitent travailler et parmi lesquels ils sélectionneront avec le plus grand soin. Le résultat idéal doit avoir un certain rapport avec la constitution de l'organisme sélectionné. Pour modifier la constitution humaine, il faudra d'abord définir l'idéal, puis mettre à l'œuvre toutes les ressources de la science.

Si l'on peut former un idéal capable d'unir les hommes dans une sorte de religion du futur, cet idéal doit être fondé sur des principes scientifiques. Et s'il est vrai, comme on l'a si souvent affirmé, que l'homme peut vivre par la foi seule, la foi doit être au pouvoir de la science . — "The Nature of Man", p. 302.

COMMENT LIRE METCHNIKOFF

La philosophie de Metchnikoff est exposée dans deux volumes publiés dans ce pays par Putnams , « La Nature de l'Homme » et « La Prolongation de la Vie ». Le deuxième et le dernier volume serviront peut-être mieux au lecteur général, mais l'un ou l'autre donnera les grandes lignes de ses théories. Les deux volumes sont écrits pour les étudiants en médecine plutôt que pour le public et abordent certains sujets déplaisants, mais pas de manière répréhensible. La traduction anglaise, du moins dans les premières éditions, est maladroite et négligente. Ces ouvrages en original sont intitulés « Essais sur la nature humaine », Paris, 1903, et « Essais optimistes », Paris, 1907. La version allemande, « Studien über die Natur des Menschen", Leipzig, 1904, est préfacé par Ostwald. "The New Hygiene", Three Lectures on the Prevention of Infectious Diseases, préfacé par Lankester, est publié par WT Keever & Co., Chicago.

Les articles de Metchnikoff facilement accessibles sont : "Studies in Natural Death", dans *Harper's Magazine* , Vol. CXIV, p. 272 ; "L'utilité des microbes lactiques", dans *Century* , Vol. LXXIX, p. 53 ; « Vieillesse », dans le rapport Smithsonian, 1904.

Une critique de l'individualisme de Metchnikoff d'un point de vue socialiste est « L'Optimisme de Metchnikoff », de F. Carrel, dans *Fortnightly Review* , Vol. LXXXIX, p. 51. Une critique à laquelle Metchnikoff a répondu dans son deuxième volume est « Morale et Biologie », de D. Parodi , dans *Revue philosophique* , vol. LVIII, p. 113. "Metchnikoff, philosophe" (Bibliothèque des Entretiens Idéalistes , Paris, 1911) est un pamphlet d'un jeune catholique, Fernand Divoire , dans un style de dénonciation frénétique.

Une intéressante esquisse de personnage réalisée par A. McFarlane se trouve dans *McClure's Magazine* , Vol. XXV, p. 541. Deux entretiens avec Metchnikoff par Herman Bernstein sont contenus dans *With Master Minds* (Universal Series Publishing Company New York). Sir Ray Lankester dans son « La science depuis un fauteuil » contient un chapitre sur « Metchnikoff et Tolstoï ».

De bons articles sur la théorie de l'immunité telle que développée par Metchnikoff et d'autres sont : « The War Against Disease », dans *Edinburgh Review* , octobre 1910 ; "Paul Ehrlich : L'homme et son œuvre", par Marguerite Marks, dans *McClure's Magazine* , 1911, p. 184 ; "Natural Resistance to Disease", par le Dr Simon Flexner, du Rockefeller Institute, dans *Popular Science Monthly* , juillet 1909, et dans Smithsonian Report, 1909 ; "The Struggle for Immunity", par HS Williams, dans *Harper's Magazine* , décembre 1911. La circulaire n° 171 du Bureau of American Industry du

Département de l'Agriculture des États-Unis donne une description des *laits fermentés* par FA Rogers.

————

[1] Cette liste est instructive, car elle montre clairement que les noms qui viennent en premier dans le cœur de leurs compatriotes sont ceux qui sont devenus éminents dans les sciences et les lettres ou qui ont rendu des services signalés à la cause de la république. Les principaux noms sont les suivants : 1, Pasteur (recueillant 1 338 425 voix) ; 2, Victor Hugo (1 227 103) ; 3, Gambetta (1 155 672) ; 4, Napoléon Bonaparte (1 118 034) ; 5, Thiers (1 039 453) ; 6, Lazare Carnot, organisateur de l'armée républicaine de la Révolution ; 7, Pierre Curie, découvreur du radium ; 8, Alexandre Dumas, *père* ; 9, le docteur Roux, inventeur du sérum diphtérique ; 10, Parmentier , introducteur de la pomme de terre en France ; 11, Ampère, père de l'électricité dynamique ; 12, Brazza, qui a sécurisé la région du Kongo pour la France ; 13, Zola, romancier et défenseur de Dreyfus ; 14, Lamartine, poète républicain ; 15 ans, Arago , astronome et physicien ; 16 ans, Sarah Bernhardt, actrice ; 17, premier ministre Waldeck-Rousseau; 18, maréchal MacMahon ; 19, président Carnot ; 20, Chevreul , pharmacien ; 21, Châteaubriand ; 22, Ferdinand de Lesseps, constructeur du canal de Suez et projecteur du Panama ; 23, Michelet; 24, Jacquard, inventeur du métier à tisser à motifs ; 25, Jules Verne ; 26, Président Loubet ; 27, Deufert-Rochereau , défenseur de Belfort.

[2] Il pourrait ajouter à ses exemples notables de personnes dépendantes du lait caillé le cas de Tze-Hsi , l'impératrice douairière de Chine, qui, à l'âge de soixante-quatorze ans, avait assez d'énergie pour changer d'avis et révolutionner. le gouvernement de quatre cent millions de personnes.

[3] Voir « Les Microbes lactiques et leur utilité pour la santé " dans *La Revue*, 1901, p. 145. Une discussion complète sur le sujet des laits fermentés avec les méthodes de préparation à la maison peut être trouvée dans un volume de LM Douglas, récemment publié sous le titre sensationnel de " Le bacille de longue vie" (Putnams).

[4] « La prolongation de la vie », p. 159.

————

CHAPITRE V

WILHELM OSTWALD

Maeterlinck exprime son idée du bonheur à travers le symbole de l'Oiseau Bleu. Ostwald exprime son

$$G = E^2 - W^2$$

Les poètes et les scientifiques sont nécessairement des symbolistes. Le conflit apparent entre eux est avant tout une différence de goût quant au choix des symboles, car tous deux s'opposent ensemble à la grande masse de l'humanité myope, qui ne vit que dans le concret, trop absorbée par la considération des détails pour découvrir par eux-mêmes l'Un dans le Multiple. La différence la plus frappante entre le symbolisme de la poésie et celui de la science est que le premier est ancien et le second nouveau. Le poète préfère aller chercher des symboles dans l'Antiquité, rapportant du grenier au salon quelque héritage métaphorique, enrichi par les associations de générations et portant avec lui une pénombre de suggestions indéfinissables, qui lui donne l'impression de signifier plus qu'il ne signifie. . Maeterlinck a donc choisi pour sa pièce de fée "L'Oiseau bleu", qui fait partie du folklore depuis d'innombrables siècles. Mais le scientifique préfère inventer pour l'occasion un nouveau symbole afin d'obtenir quelque chose qui ne véhicule ni plus ni moins de sens que ce qu'il y met lui-même à l'époque. Les poètes et les artistes de toutes sortes sont reconnus pour une plus grande perspicacité et un plus grand pouvoir prophétique qu'ils ne le méritent, car les générations ultérieures ont donné à leurs paroles beaucoup plus de sens que ce n'était jamais dans l'esprit de l'auteur. Cet accroissement de réputation non mérité, qui s'accroît chaque année, est tout ce qui maintient en vie certains auteurs anciens de nos jours. Mais l'homme de science dédaigne un tel soutien et prend soin de définir ses termes de manière à ce que la postérité ne lui accorde pas plus de crédit qu'il ne croit avoir gagné par ses propres efforts.

Le symbolisme scientifique est non seulement plus exact que le symbolisme poétique, mais il est aussi plus pratique. Sans aucun doute, "L'Oiseau Bleu" de Maurice Maeterlinck et "La Fleur Bleue" de Henry Van Dyke ont contribué au bonheur aussi bien qu'il l'ont défendu, mais ils ne sont pas d'une grande utilité pour montrer laquelle des deux solutions dans un dilemme quelconque y mènera. . Le lecteur non poétique pourrait supposer qu'être bleu, c'est être heureux. Ostwald, cependant, insiste sur le fait que sa formule n'est pas une simple plaisanterie mathématique, mais applicable aux affaires pratiques, et comme un vrai médecin, il l'a essayée sur lui-même et sait qu'elle fonctionne. Il nous raconte qu'il a résolu l'un des problèmes les plus difficiles de sa vie grâce à son aide, comme, par exemple, lorsqu'à l'âge de cinquante-trois ans, la question s'est posée de savoir s'il devait rester professeur de chimie à l'Université de Leipzig ou se retirer dans son pays . place à Gross-Boten pour exercer le nouveau métier d'« idéaliste pratique » ?

Une interprétation de la formule du bonheur d'Ostwald,

$$G = E^2 - W^2$$

permettra au lecteur de l'essayer par lui-même. G signifie bonheur (*Glück*). Selon la théorie de l'énergétique, cela dépend de la quantité d'énergie dépensée et pourrait en fait être mesuré par la quantité de dioxyde de carbone produite par l'activité consciente si nous pouvions séparer cela des processus physiologiques inconscients du corps. Une partie de cette énergie est dépensée de manière agréable ; que cela soit représenté par E . Mais il y a toujours une autre partie de l'activité consciente qui est désagréable, comme les sentiments douloureux, les pensées désagréables, les devoirs involontaires ; qui peut être représenté par W (*widewillig*).

Le deuxième terme ($E^2 - W^2$) de l'équation peut être résolu en deux facteurs $E + W$ et $E - W$, et l'augmentation de l'un ou l'autre aura tendance à augmenter la quantité de bonheur. La voie de la vie fatigante est d'augmenter la première ($E + W$), la dépense totale d'énergie ; c'est-à-dire s'efforcer au maximum dans les directions souhaitées, même si l'opposition et les inquiétudes augmentent également ; élever la santé à son plus haut point afin que l'approvisionnement en énergie chimique ne puisse pas manquer ; réduire autant que possible le sommeil, car c'est le moment où E et W tombent à zéro. C'est ce qu'Ostwald appelle le bonheur héroïque (*Heldenglück*).

Mais les hommes au tempérament plus timide préfèrent consacrer leur attention à l'autre facteur ($E - W$), car c'est là que réside le danger, non seulement de ne pas être heureux (quand $G = 0$), mais aussi de malheur, car G devient une quantité négative lorsque W est supérieur à E . Ils s'efforcent plutôt de réduire W , la partie désagréable de la vie, que d'augmenter E , la partie agréable. Éviter les risques, freiner l'ambition, limiter les désirs, restreindre les dépenses, rechercher le contentement plutôt que le plaisir, telle est la voie de la vie simple et mène au bonheur de la cabane (Hüttenglück). Cela peut en effet aboutir au même résultat, donner une valeur égale à G, mais le bonheur ainsi atteint est de nature très différente, quoique équivalent en degré, à celui auquel aspirent les hommes du type de Napoléon, Edison et Roosevelt. La recherche du bonheur par limitation plutôt que par expansion conduit à son extrême au stoïcisme, à l'ascétisme, au nirvana, à l'état d'esprit de Diogène, qui jeta son unique ustensile, la coupe, lorsqu'il vit un homme boire dans sa main. .

De nombreux moralistes avant Ostwald ont tenté de donner à cette idée une forme semi-mathématique, généralement dans le but de conseiller à celui qui cherche le bonheur d'emprunter la voie la plus basse et la plus douce. Carlyle dit dans « Sartor Resartus » :

"La valeur de la Fraction de Vie peut être augmentée, non pas tant en augmentant votre Numérateur qu'en diminuant votre Dénominateur. Bien plus, à moins que mon Algèbre ne me trompe, l'Unité elle-même divisée par Zéro donnera l'Infini. Faites que votre réclamation de salaire soit égale à zéro, alors " Tu as le monde à tes pieds. Les plus sages de notre temps ont bien écrit : " C'est seulement par le renoncement que l'on peut dire que la vie, à proprement parler, commence. " James, dans ses " Principes de psychologie ", l'exprime ainsi suit :

$$\text{Estime de soi} = \frac{\text{Succès}}{\text{Prétentions.}}$$

Autrement dit, notre estime de soi est déterminée par le rapport entre nos réalités et nos potentielles supposées. Et il suggère que certains Bostoniens « seraient des hommes et des femmes plus heureux aujourd'hui s'ils pouvaient une fois pour toutes abandonner l'idée de maintenir un moi musical et laisser sans honte les gens les entendre qualifier une symphonie de nuisance » ?

William Winter met cette pensée en rime :

"Je n'ai mis mon cœur à rien, voyez-vous.
Et ainsi le monde va bien avec moi."

On est irrésistiblement poussé à citer la remarque de Johnson :

"Monsieur, il n'est pas vrai que tous ceux qui sont heureux le sont également. Un paysan et un philosophe peuvent être également *satisfaits* , mais pas également *heureux* . Le bonheur consiste dans la multiplicité des consciences agréables. Un paysan n'a pas la capacité d'avoir un bonheur égal. avec un philosophe."

Boswell ajoute à cela, dans son style habituel, l'observation que cette même question a été « très heureusement illustrée » par le révérend M. Robert Brown à Utrecht, qui a déclaré qu'« un petit verre à boire et un très grand peuvent être également pleins, mais le le grand contient plus que le petit. »

Ostwald applique sa formule aux « Variétés de l'expérience religieuse » de James et montre que le converti quitte le banc du deuil au moment où le facteur ($E - W$) *change* de signe de moins à plus. (Ici, W représente apparemment le diable.) L'équation lui sert également d'argument contre la consommation d'alcool et d'autres stupéfiants qui, bien qu'ils réduisent temporairement W en faisant descendre tous les désagréments en dessous du seuil de la conscience, sont susceptibles de faire du bonheur un moins la quantité. La richesse, étant la forme d'énergie la plus compacte et la plus pratique, peut servir à augmenter E ou à diminuer W , mais pas proportionnellement à sa quantité. La critique dramatique peut même être mathématique. Jaques a un grand W ; Rosalind a un grand E ; assemblez-les et vous obtenez "Comme vous l'aimez".

Mais je ne devrais pas consacrer autant de place à ce qui n'est qu'une application extrême et, diraient certains, extravagante de la philosophie d'Ostwald. [1] Il s'agit cependant d'un exemple caractéristique de son mode de pensée et peut servir aussi bien que tout autre à introduire le lecteur à sa théorie fondamentale de l'énergétique, qui a formé le principe directeur de son travail chimique, et qu'il a maintenant transposée dans les domaines de la philosophie et de la sociologie.

Il n'est pas nécessaire d'expliquer la conception moderne de l'énergie, car nous l'avons tous appris à l'école, et il suffit ici de rappeler ses deux lois fondamentales. La première est la loi de conservation de l'énergie, découverte par Mayer, qui stipule que la quantité d'énergie reste inchangée quelles que soient ses transformations. Pour prendre un exemple familier, lorsque nous achetons du charbon, nous achetons en réalité de l'énergie chimique, pas du carbone. Lorsque nous le brûlons, nous laissons le carbone s'échapper par la cheminée, mais nous conservons l'énergie thermique aussi complètement que possible et la transformons, au moyen d'une chaudière, en énergie expansive de vapeur, qui est convertie en énergie de mouvement du piston. tige et roue, et lorsqu'il est connecté à une dynamo, il peut devenir de l'énergie électrique. L'énergie électrique que nous pouvons conduire par un fil dans nos maisons et la convertir en énergie lumineuse d'une ampoule à incandescence, en énergie thermique d'une plaque chauffante électrique ou en énergie de mouvement d'un ventilateur ou d'une balayeuse de tapis. Autrement dit, chaque fois qu'une sorte d'énergie disparaît, une autre sorte d'énergie surgit quelque part en quantité exactement équivalente. Dans toute expérience où ils peuvent être mesurés, les revenus et les dépenses d'énergie s'équilibreront exactement, tout comme le grand livre d'un comptable.

Mais voici autre chose à considérer. Le fait qu'une balance de vérification soit publiée ne prouve même pas que l'entreprise ne perd pas d'argent, et nous constatons la même chose dans le secteur de l'énergie. Dans la série de transformations que nous avons suivies plus haut, depuis le charbon de la centrale jusqu'aux ustensiles du ménage, il y a des fuites tout au long de la ligne, un peu de perte en frottement et en chaleur rayonnée dans chacune des machines, et un gros gaspillage. , environ quatre-vingt-cinq pour cent, dans la machine à vapeur. Ostwald utilise l'ingénieuse illustration d'un voyageur qui traverse l'Europe en changeant son argent à chaque frontière, et en perdant à chaque fois un peu grâce à l'escompte du changeur. Un bon changeur d'argent est celui qui se contente d'une commission modérée. Une bonne machine est celle qui nous rend presque autant que nous lui donnons. Mais il n'y en a pas de parfait, non, pas un seul.

C'est la deuxième loi fondamentale de la thermodynamique [2], la loi de la dégradation de l'énergie. Car l'énergie a une sorte de gravitation qui lui est propre. Il veut toujours dévaler la colline . La chaleur cherche son niveau ainsi que l'eau. Si l'on pose une plaque chaude, disons à 100°, sur ou sous une plaque à zéro, la chaleur se propagera à la plaque froide jusqu'à ce que les deux soient à 50°, sans tenir compte des pertes par rayonnement. Et lorsqu'ils sont arrivés à la même température, il est impossible d'en extraire tout autre mouvement de chaleur. "On ne peut pas faire tourner le moulin avec l'eau qui s'écoule." Il faut une baisse de température pour faire fonctionner tout type de moteur thermique. Chaque machine, chaque processus chimique et physique, chaque être vivant perd constamment de l'énergie, c'est-à-dire la transforme en des formes indisponibles. C'est ainsi que nous gagnons notre vie. Le soleil dissipe rapidement son énergie thermique dans l'espace. Nos alliées, les plantes, parviennent à en capturer une infime partie et à la stocker dans de l'amidon et de l'huile, mais nous les mangeons et renvoyons l'énergie sous forme de chaleur. L'univers entier, considéré comme une grande machine, tourne comme une horloge et, semble-t-il, doit finalement s'arrêter, à moins, en effet, qu'il y ait un attachement à remontage automatique caché quelque part en lui, ou quelqu'un à l'extérieur de lui. tout cela pour le terminer de temps en temps.

C'est pourtant là une de ces questions qu'Ostwald appelle des « pseudo-problèmes » et dont il voudrait nous libérer en appliquant la philosophie énergétique. Son test est le suivant : « Supposons que le problème soit résolu et que l'une de toutes les réponses possibles soit correcte, nous pouvons alors étudier quel effet cela aurait sur notre conduite. S'il ne produit aucun effet, le problème est alors indiqué comme étant un problème. pseudo-problème." Il prend par exemple ce qui suit :

Le monde a-t-il commencé dans le temps ou existe-t-il de toute éternité ? Par voie d' expérience , nous supposerons qu'elle existe depuis l'éternité, et nous demanderons qu'est-ce que cette connaissance changerait dans notre conduite ? Je trouve, du moins pour moi, que rien ne changerait par cette connaissance, et tout aussi peu si l'on suppose qu'il y a eu un commencement dans le temps. Je dois donc dire que même si j'apprenais positivement d'une manière ou d'une autre laquelle des deux possibilités est correcte, cela me serait parfaitement indifférent, et ceci étant, nous avons ici un pseudo-problème. L'importance de cette procédure ressort clairement de la réponse à la question de savoir ce que nous appelons « correct » ou « vrai ». La réponse était celle qui nous permettait de faire des prédictions précises. Quelque chose qui ne nous permet pas de faire une quelconque prédiction ne nous intéresse essentiellement en aucune façon, et il n'y a pas lieu de s'en préoccuper. — " La Théorie Moderne de l'Énergétique" (*Monist* , 1907).

Il s'agit bien entendu de la méthode pragmatique, et Ostwald reconnaît cette relation en observant : « L'énergétique coïncide avec ce mouvement qui a pris son origine sur un terrain philosophique et qui poursuit des buts très similaires sous le nom de pragmatisme ou d'humanisme. » Le mode de pensée pragmatique est pratiquement universel parmi les hommes de science, mais Ostwald est un pragmatique extrême. La prophétie est selon lui le seul but de la science, et il nie virtuellement la possibilité d'appliquer les termes de vérité et de mensonge, au sens strict, aux énoncés de l'histoire. [3]

Capter ce que nous pouvons de ce flux d'énergie et l'utiliser au mieux, tel est le but de l'effort humain, la mesure de la civilisation. C'est la fonction de la volonté chez l'individu et le devoir des dirigeants des hommes. À toutes les époques, la richesse consiste essentiellement en la maîtrise de l'énergie, qu'elle soit mesurée en puissance esclave, en chevaux-vapeur ou en kilowattheures. Afin de montrer comment la sociologie d'Ostwald naît de sa physique, permettez-moi de citer les derniers paragraphes de son petit livre sur la « Philosophie naturelle » :

La caractéristique objective du progrès réside dans l'amélioration des méthodes permettant de capter et d'utiliser les énergies brutes de la nature à des fins humaines. Ainsi , c'était un acte culturel lorsqu'un homme primitif découvrait qu'il pouvait étendre le rayon de son énergie musculaire en prenant une perche à la main, et c'était un autre acte culturel lorsqu'un homme primitif découvrait qu'en lançant une pierre il pouvait envoyer son muscle énergie sur une distance de plusieurs mètres jusqu'au point souhaité. L'effet du couteau, de la lance, de la flèche et de tous les autres instruments primitifs peut être appelé dans chaque cas une transformation intentionnelle de l'énergie. Et à l'autre extrémité de l'échelle de la civilisation, la découverte scientifique la plus abstraite, en raison de sa généralisation et de sa simplification, signifie une économie d'énergie correspondante pour toutes les générations futures qui peuvent avoir quelque chose à voir avec la question. Ainsi, en fait, le concept de progrès tel que défini ici embrasse l'ensemble des efforts humains vers la perfection, ou l'ensemble du domaine de la culture, et montre en même temps la grande valeur scientifique du concept d'énergie.

Si l'on considère en outre que, selon le deuxième principe fondamental, l'énergie libre qui nous est accessible ne peut que diminuer, mais non augmenter, tandis que le nombre des hommes dont l'existence dépend directement de la consommation d'une quantité due d'énergie libre est constamment en augmentation. augmenter, alors nous voyons immédiatement la nécessité objective du développement de la civilisation dans ce sens. Sa clairvoyance met l'homme en mesure d'agir culturellement. Mais si nous examinons de ce point de vue notre ordre social actuel, nous constatons avec horreur à quel point il est encore barbare. Non seulement le meurtre et la guerre détruisent les valeurs culturelles sans les substituer par d'autres, non seulement les innombrables conflits qui ont lieu entre les différentes nations et organisations politiques agissent de manière anticulturelle, mais il en va de même pour les conflits entre les différentes classes sociales d'une nation. car ils détruisent des quantités d'énergie libre qui sont ainsi soustraites à l'ensemble des valeurs culturelles réelles. À l'heure actuelle, l'humanité se trouve dans un état de développement dans lequel le progrès dépend beaucoup moins de la direction de quelques individus distingués que du travail collectif de tous les travailleurs. La preuve en est que de plus en plus de grandes découvertes scientifiques sont faites simultanément par un certain nombre de chercheurs indépendants, ce qui indique que la société crée en plusieurs endroits les conditions individuelles requises pour de telles découvertes. Nous vivons ainsi à une époque où les hommes se rapprochent progressivement les uns des autres dans leur nature et où l'organisation sociale exige et s'efforce donc d'obtenir une égalisation aussi complète que possible des conditions d'existence de tous les hommes .

De la même conception fondamentale, Ostwald tire son système d'éthique, qu'il résume dans « l'impératif énergétique » : [4] *Faites donc en sorte que l'énergie brute soit transformée en énergie supérieure avec le moins de perte possible* . C'est ce qui constitue le texte de plusieurs de ses sermons laïcs comme celui sur « l'efficacité ». [5] L'efficacité, c'est-à-dire le rapport entre le travail et les moyens, entre l'accomplissement et l'opportunité, peut être la mesure d'un homme aussi bien que d'une machine, puisque Ostwald inclut toutes les pensées et tous les sentiments comme formes d'énergie. Cette conception scientifique et cet idéal d'efficacité, développés en laboratoire, ont d'abord été introduits dans l'entreprise, puis se sont glissés dans la gestion des entreprises et ont même fait une apparition indésirable dans l'administration universitaire. Il ne peut pas être tenu longtemps à l'écart du Capitole, de l'église et de la maison. Il s'agit en fait de l'apport à notre civilisation du quatrième et plus récent des métiers savants, celui d'ingénieur. C'est lui qui nous a tous amenés à nous demander combien de ce que nous faisons quotidiennement nous rapporte en quelque pièce de monnaie, qui nous a rendu impatients de voir une relation entre l'effort et le résultat, qui nous a rendus impatients face aux retards inutiles, aux frictions, aux mouvements perdus, au travail inutile. , du matériel inutilisé et des récompenses retardées.

Pour distinguer les formes d'énergie basse et haute, dit Ostwald, nous devons considérer leur importance relative pour les objectifs humains. Ainsi, le pain doit être considéré comme contenant une forme d'énergie chimique plus élevée que le bois, bien qu'il soit très similaire en termes de composition chimique et qu'il produise à peu près le même nombre de calories de chaleur lors de sa consommation.

L'impératif catégorique de Kant, « Agis de manière à ce que ta conduite soit considérée comme une loi universelle », n'est, de l'avis d'Ostwald, ni aussi complet ni aussi précis que son impératif énergétique, qui inclut la conduite éthique, mais ne s'y limite pas. Nous appelons une automobile « bonne » et une autre « mauvaise » si la première nous transporte deux fois plus loin que la seconde avec la même quantité d'essence consommée. Un « bon » ami est celui qui nous aide dans nos démarches par des conseils judicieux et sans contrariété, tandis qu'un « pauvre » ami ne fait que multiplier nos difficultés ; ici encore, le bien et le mal sont déterminés par le rapport de l'énergie totale employée et des résultats obtenus. C'est ce deuxième principe de la thermodynamique, la loi de la dégradation et de la dissipation de l'énergie, qui nous empêche de défaire le passé, qui donne un sens à des expressions telles que « le temps passe vite » et « le monde bouge ». Le processus cosmique n'est pas une réaction réversible. Le cauchemar de l'éternelle récurrence de Nietzsche, qui le rendait fou, aurait été dissipé par une connaissance de la physique élémentaire.

La deuxième loi est donc plus importante pour la philosophie et la sociologie que la première, la loi de la conservation et de la transmutation de l'énergie. La reconnaissance par Ostwald de son importance donne à sa philosophie un caractère résolument différent de la vision dominante au siècle dernier, la théorie mécaniste de l'univers. Il est curieux que Haeckel, le biologiste, ait, en basant sa philosophie sur la première loi, été conduit à des vues mécanistes extrêmes, tandis qu'Ostwald, le physico-chimiste, en mettant davantage l'accent sur la seconde loi, arrive à des conclusions bien meilleures. adapté à l'explication des phénomènes vitaux.

Selon l'ancienne théorie mécaniste, le monde pourrait être réduit à deux éléments, la matière et le mouvement. On croyait que tout était en réalité constitué d'atomes, alors généralement considérés comme indivisibles et éternels. Chaque atome se déplaçait à un instant donné dans une certaine direction et à une certaine vitesse. Il s'ensuit, comme cela a été suggéré dans le *Philosophical Magazine* il y a de nombreuses années, que si chaque atome était soudainement arrêté et renvoyé sur sa trajectoire avec la même vitesse, tous les événements seraient inversés et l'histoire se répéterait à rebours. Si nous observions Waterloo, par exemple [6], nous verrions les morts se relever un à un, ramasser leurs fusils, les braquer sur leurs ennemis, recevoir dans les canons les gaz produits par l'explosion de la poudre, et marcher. en arrière. Napoléon commençant comme prisonnier à Sainte-Hélène finirait comme empereur des Français.

Nous avons tous eu cette idée présentée de manière imagée dans des films cinématographiques lorsque le film passe à travers la lanterne à l'envers et que nous voyons des pommes sauter du sol et s'attacher aux branches de l'arbre, et des nageurs plonger hors du sol. eau et éclairage sur le tremplin. En fait, le film inversé du cinématographe peut être considéré comme la *réduction à l'absurde* de l'hypothèse mécaniste. Nous pourrions nous attendre à ce qu'un morceau de musique sonne tout aussi bien si nous plaçons d'abord le rouleau de papier perforé dans le mauvais côté du piano mécanique, mais d'une manière ou d'une autre, ce n'est pas le cas. Nous sentons tous instinctivement qu'il y a quelque chose de ridicule et d'impossible dans cette idée de réversibilité appliquée à l'être humain. Même le chimiste et le physicien ne peuvent réaliser cette réversibilité que dans une mesure limitée et dans des cas particuliers, comme par exemple lorsque l'énergie est fournie par une source extérieure. Un traîneau peut en effet être conçu pour monter comme pour descendre une colline, mais c'est un travail difficile à réaliser. Le bois brûle facilement, mais aucun chimiste n'est encore capable de retirer le bois des gaz de combustion. La deuxième loi de l'énergie nous a été enseignée dès notre enfance par la parabole de Humpty -Dumpty.

Bergson fonde sa théorie du comique [7] sur l'idée que le plus absurde de toutes choses est de considérer l'être humain comme une machine. Le fait que le monde, tout comme l'homme, ne doit pas être considéré à juste titre comme une machine est le thème fondamental de "l'évolution créatrice" de Bergson. Il existe donc une similitude frappante de point de vue entre

Ostwald et Bergson, malgré leur diversité de tempérament et de style. On peut rappeler que Bergson est également entré dans le domaine de la métaphysique par la porte de la physique mathématique.

Dès 1895, Ostwald annonçait « le renversement du matérialisme scientifique » ; [8] une déclaration surprenante venant de l'un des plus grands chimistes à une époque où la chimie était presque exclusivement absorbée par les transformations de la matière et où l'on commençait seulement à reconnaître l'importance des transformations concomitantes de l'énergie. Lorsque le chimiste avait inscrit au tableau l'équation d'une réaction ou la formule développée d'un composé, il avait tendance à penser qu'il avait dit « la vérité, toute la vérité et rien que la vérité ». Contre toutes ces conceptions grossières, Ostwald protesta vigoureusement, prêchant un nouvel iconoclasme dans les mots de l'ancien : « Tu ne te feras aucune image ni aucune ressemblance de quoi que ce soit de ce qui est dans le ciel en haut, ou de ce qui est sur la terre en bas, ou de quoi que ce soit. qui sont dans les eaux sous la terre ; tu ne te prosterneras pas devant eux, ni ne les serviras. » Il exigeait « une science libre d'hypothèses » ; des formules qui devraient simplement énoncer ce qui est connu pour se produire, à la place de modèles mécaniques et de visualisations trompeuses. "La matière", disait ce professeur de la plus matérialiste des sciences, "n'est qu'une forme de pensée", ce qui est la même conclusion à laquelle Kant était parvenu cent ans auparavant à propos du temps et de l'espace. Mais alors que Kant disait : « Donnez-moi de la matière et je construirai un monde avec elle », Ostwald dirait : « Fini la matière, je construirai un monde sans elle ».

"Le Réel, c'est-à-dire ce qui agit sur nous, est uniquement l'énergie", mais en parlant ainsi, Ostwald ne doit pas être compris, comme il le fait souvent, comme impliquant que l'énergie est la seule substance dont le monde est composé. La masse n'est que l'un des deux facteurs qui composent le produit appelé énergie. Ce que l'homme ordinaire considère comme les attributs de la matière, sa dureté, sa lourdeur, sa couleur, etc., sont simplement les effets de diverses formes d'énergie sur ses organes sensoriels.

Le charbon devrait être vendu en calories et non en tonnes. Même les tribunaux, les institutions humaines les plus lentes à prendre connaissance des idées nouvelles, sont parvenus à la conclusion que l'énergie est une entité, car ils condamneront désormais un homme pour l'avoir volée sur un troisième rail, même s'ils considèrent peut-être le courant comme un courant. de corpuscules. La valeur unificatrice de la conception énergétique apparaît lorsque l'on considère la vieille énigme de la relation entre l'esprit et le corps. Entre le cerveau, considéré comme une simple combinaison de molécules en mouvement, et l'esprit, considéré comme une simple succession d'états de conscience, il n'y a aucun lien concevable et le dualisme est inévitable. Mais si l'on considère les deux comme des formes d'énergie, la difficulté disparaît.

L'« harmonie préétablie » de Leibnitz devient alors l'unité établie d'Ostwald. L'idée d'énergie trouve son origine dans l'action humaine ; il ne s'agit donc pas d'une forme de pensée étrangère. Elle a été empruntée à l'origine à la psychologie par la physique, et il n'y a rien d'inconvenant à la reprendre.

Ce que nous appelons explications en physique, et même en psychologie, n'a été pour la plupart que de simples analogies mécaniques. Nous avons senti qu'un phénomène était « expliqué » lorsque nous pouvions créer un modèle fonctionnel que nous pouvions voir et manipuler. Il y a quelques années , les physiciens expliquaient l'électricité par des mécanismes encombrants constitués de roues dentées et de conduites d'eau. Dans les manuels récents, cette tendance est inversée et les phénomènes mécaniques sont expliqués par l'utilisation de conceptions développées dans l'étude de l'électricité, telles que « potentiel », « champ » et « capacité ».

La création en 1901 des *Annalen der Naturphilosophie* , par Wilhelm Ostwald, marqua un changement dans l'attitude d'éminents scientifiques à l'égard des problèmes de philosophie spéculative. Le pendule était en train de s'éloigner de l'empirisme extrême et intolérant qui a été pendant si longtemps le trait dominant des travailleurs scientifiques.

Dans son dégoût de la métaphysique imaginative des anciens et de la logique formelle des scolastiques, la science moderne s'est résolument détournée des tentatives ambitieuses visant à résoudre l'énigme de l'univers par de brillantes devinettes et a commencé l'accumulation et la vérification patientes des faits et leur déduction. de leurs déductions les plus simples et les plus certaines. Cette tâche en est venue à être considérée comme la seule sphère de la pensée scientifique ; et il y avait des hommes assez audacieux et assez stupides pour enseigner que c'était la seule méthode pour faire progresser la connaissance humaine. Heureusement, cependant, pour la civilisation, les scientifiques ne se sont pas limités à la méthode prescrite par Bacon et d'autres hommes de lettres, et ces dernières années, il est généralement reconnu que les plus grandes réalisations ont été réalisées de la manière tout à fait opposée, c'est-à-dire : en projetant l'imagination dans l'inconnu et en y travaillant. Presque tous les meilleurs travaux scientifiques ont été réalisés sous la direction d'hypothèses ; et les découvertes purement accidentelles ont été rares et généralement insignifiantes. En fait, dans de nombreuses branches de la science, le mot invention devrait être utilisé plutôt que découverte. Le nouveau composé ou la nouvelle plante existe clairement dans l'esprit du chimiste ou de l'horticulteur avant qu'il ne se lance dans sa production.

Il ne fallait pas s'attendre à ce que des hommes qui avaient déjà accompli plus de choses en science en un siècle qu'au cours de toutes les époques précédentes, empêchent à jamais leur imagination entraînée de s'attaquer aux problèmes les plus profonds de la vie et du destin ; et il n'est pas étonnant que certains de nos plus grands scientifiques tournent leur attention vers la métaphysique et l'épistémologie. Le transfert du professeur Mach de la chaire de physique à celle de théorie des sciences inductives était le symbole d'un changement mental qui s'opérait dans de nombreux esprits.

La levée de l'interdiction contre la philosophie spéculative comporte évidemment ses dangers, mais ils sont moindres que ceux attachés à cette forme de pensée dans le passé. Que l'humanité retourne aux sports de sa jeunesse et souffle des bulles de savon simplement pour y contempler les visions irisées mais déformées du monde serait une triste calamité ; mais il n'est pas probable que la leçon d'un siècle et demi de travail patient soit entièrement perdue. Le rêveur du futur n'osera pas construire un château aérien sans au moins une option sur le site. Le danger ne vient pas des hommes de science comme Ostwald, Mach et Poincaré , qui sont si bien lestés qu'ils peuvent transporter plus de voiles que les hommes ordinaires, mais de ceux qui sont moins qualifiés et moins prudents. Cependant, nous n'avons jamais été libérés des fantaisies de cette dernière classe. La nature a horreur du vide ; et si un domaine de l'intellect est laissé vide par les sages mais trop prudents , il sera rapidement rempli par ceux qui n'ont aucune crainte là où ils marchent. La recrudescence de superstitions désuètes et la montée de religions anormales sont le résultat naturel du confinement de la pensée et de la critique scientifiques au matériel et à la pratique. Même le laborieux compilateur de faits a ses théories métaphysiques, même s'il nierait avec indignation que quelque chose de ce genre puisse être trouvé sur sa personne. La métaphysique peut être ignorée, mais pas supprimée. Du point de vue dit du « bon sens », les hypothèses spéculatives ne sont pas exclues, mais sont acceptées inconsciemment et sans esprit critique.

La science a évidemment regardé sur le terrain uniquement pour être sûre de son équilibre, et elle est maintenant prête à affirmer son droit de regarder même dans les ténèbres les plus profondes . Aucun credo baconien ne limitera à l'avenir les opérations de l'intellect. Nous n'avons pas le droit de qualifier un problème d'insoluble simplement parce qu'il n'est pas résolu. Il se peut que d'aussi grands triomphes récompenseront la méthode scientifique ici que dans des domaines plus humbles.

Dans la révolution qui, au cours des vingt dernières années, a transformé la chimie d'une science empirique basée sur des conceptions matérielles en une science mathématique basée sur des conceptions énergétiques, Ostwald a été un leader. Une analyse qualitative et quantitative qui avait été à peine plus systématique et rationnelle qu'un livre de recettes de cuisine, devint entre ses mains une étude nouvelle et délicieuse dans laquelle même le débutant pouvait utiliser son esprit aussi bien que ses doigts. Les professeurs de chimie, qui avaient vécu toute leur vie avec bonheur avec une connaissance de l'arithmétique jusqu'au pourcentage compris, se trouvèrent soudain en manque de calcul et d'autres choses de ce genre. Les diplômés de Yale qui se rendirent au laboratoire de Leipzig dans les années 1990 pour poursuivre leurs études de chimie devaient étudier les travaux de Willard Gibbs, dont ils avaient peut-être vu le nom dans le catalogue de leur alma mater, mais dont ils n'avaient probablement pas fait la connaissance. . Ce qui était pire, c'est qu'ils ont dû rédiger leur Gibbs en allemand, [9] puisque les articles originaux des "Transactions of the Connecticut Academy" n'étaient pas disponibles, et même en anglais, Gibbs n'est pas une lecture facile. C'est Ostwald qui fut le premier à reconnaître Gibbs comme « le plus grand génie scientifique que les États-Unis aient produit jusqu'à présent » et à faire connaître son travail en Europe, où il servit de guide et d'inspiration à certaines des enquêtes les plus fructueuses des dernières années. deux décennies.

C'est éminemment caractéristique d'Ostwald. Ses propres recherches, aussi grandes soient-elles, peuvent sans injustice être considérées comme de moindre importance que le service unique qu'il a rendu à sa science par la découverte et l'utilisation rapide de théories et de généralisations originales, qu'elles soient trouvées dans les dossiers oubliés des journaux et des journaux. transactions, dans les papiers de ses contemporains ou dans les travaux de ses étudiants. C'était une tâche qui exigeait à la fois du génie et de la générosité. Ce qu'il a fait pour Gibbs, l'Américain, il l'a fait pour van't Hoff, le Hollandais, et Arrhenius, le Suédois, et bien d'autres, vivants et morts. Il a toujours porté un vif intérêt aux individus. Il ne se contente pas du simple nom d'une grande autorité dans une note de bas de page. Il veut savoir quel genre d'homme il était et dans quels mots il a rendu publique sa découverte pour la première fois. Cela l'a amené à cultiver le domaine négligé de l'histoire et de la biographie chimiques. La plupart des chimistes ne connaissaient rien du travail des hommes auxquels ils faisaient allusion avec désinvolture dans leurs conférences, Avogadro, Bunsen, Dalton, Berzelius, etc. Ils n'auraient pas non plus pu facilement les connaître s'ils l'avaient voulu, car les articles originaux étaient souvent inaccessibles. Ainsi Ostwald commença en 1889 sa série des « Classiques des sciences exactes », réimprimant des articles importants avec des notes.

En 1887, alors que peu de gens savaient que la chimie physique existait, il fonda une revue à ce sujet, la *Zeitschrift für physikalische. Chemie*, maintenant à son quatre-vingt-unième volume, et pas encore assez de place dans ses deux mille trois cents pages par an pour enregistrer les progrès de la science. En 1902, alors que la plupart des scientifiques se moquaient de l'idée de philosophie, il lança une autre entreprise tout aussi audacieuse, les *Annalen der Naturphilosophie*. Durant cette période de seize ans, sa production littéraire, sans compter les deux périodiques et les dix-huit volumes des « Classiques des sciences exactes », déjà mentionnés, comprenait au total vingt-deux livres de 15 850 pages ; 120 articles apportant des contributions originales à la science chimique comprenant 1 630 pages ; discours et mémoires totalisant 300 pages; et quelque 3 880 résumés et 920 critiques de livres dans ses journaux. Chaque chimiothèque a sur ses étagères (le pluriel est généralement nécessaire) « le grand Ostwald », le « Lehrbuch der allgemeinen Chemie ", de la taille d'une cyclopédie, avec les dates de ses volumes s'étalant dans les années 80 et 90, bien que "le petit Ostwald", les "Grundriss der allgemeinen "Chemie ", montre plus d'usure sur la reliure. Et tout cela, il faut le rappeler, ne représente qu'une face de l'activité de cet homme extraordinaire, car pendant la période de cette énorme production littéraire il fut professeur de chimie à l'Université de Leipzig. et directeur de l'un des laboratoires de recherche les plus actifs au monde.

Nous trouvons aujourd'hui dans nos universités américaines de nombreux hommes tellement absorbés par leurs recherches qu'ils refusent de considérer les aspects philosophiques ou pratiques de leur science, et ils ressentent comme une insulte toute exigence imposée à leur temps par le monde extérieur. Ostwald n'a jamais été aussi occupé. Malgré qu'il ait poursuivi des recherches en sciences pures qui lui ont valu le prix Nobel, il n'a pas dédaigné d'imprimer des lettres aux peintres sur l'emploi des pigments et de donner des conférences aux ménagères sur la chimie de la cuisine, ainsi que de mettre ses connaissances scientifiques au service des questions éducatives, sociales et religieuses abordées dans les périodiques de l'époque.

Quand nous demandons pourquoi aucun chimiste américain n'a encore reçu une médaille Nobel, on nous répond souvent que les installations de laboratoire de ce pays sont trop insuffisantes. Ostwald n'a jamais été gêné par cet obstacle ; pas à Riga, où il était son propre mécanicien et souffleur de verre, équipant le laboratoire de burettes, de bobines d'induction et de galvanomètres faits maison ; pas à Leipzig, où il a travaillé dans des conditions décrites comme suit : [10]

"Le laboratoire de Leipzig, dans lequel il travailla jusqu'en 1897, était situé dans le Landwirtschaftliche Institut , une ancienne bâtisse initialement consacrée à la chimie agricole, et en aucun cas impropre à la poursuite de ces expériences délicates qui placèrent Ostwald au premier rang des travailleurs scientifiques. La recherche s'est poursuivie malgré d'innombrables difficultés ; la lumière était mauvaise, les pièces peu aérées, le chauffage effectué au moyen de poêles difficiles à régler et produisant des poussières qui nuisaient beaucoup aux instruments les plus fins ; aucune précaution n'avait été prise lors de la pose des fondations pour assurer l'amortissement des vibrations ; ainsi de nombreuses expériences furent ruinées ; le manque d'espace empêchait l'utilisation de télescopes pour lire les échelles, et dans l'ensemble, il aurait été difficile de construire un laboratoire moins adapté aux investigations physico -chimiques.

Sur un certain point, il faut le reconnaître, le courant de la pensée scientifique est allé tout à fait à l'encontre des vues d'Ostwald. La théorie atomique, qu'il souhaitait abandonner, s'est étayée et étendue. La théorie cinétique des gaz n'a pas été supplantée par son concept de « volume-énergie », et maintenant le mouvement des molécules a été rendu visible par l'ultramicroscope, et on entend parler de la « théorie atomique de l'électricité », la « la conception corpusculaire de la lumière » et la « nature granulaire de l'énergie ». Même le temps et l'espace ont tendance à se désintégrer et à devenir discrets. Mais le vent peut tourner à tout moment et les conceptions d'Ostwald redeviennent à la mode dans les cercles scientifiques.

Comme je l'ai dit, Ostwald ne semble pas être un homme occupé. Un homme occupé prendrait-il le cœur d'une belle journée d'été pour se consacrer au divertissement d'un journaliste américain errant ? Si je n'avais pas su qu'il était rédacteur en chef de deux périodiques et leader de certains des mouvements les plus importants de l'époque, j'aurais pu le supposer comme un simple gentleman de loisir, alors qu'il était assis avec moi sur le porche de sa maison de campagne. , prêt à parler librement sur n'importe quel sujet que je suggérais, prêt même à écouter quand je voulais parler, sans jamais jeter un regard nostalgique à travers la porte de son bureau vers le bureau lourdement chargé et la machine à écrire silencieuse. Ostwald est un grand homme et un grand homme ; manière géniale, discours direct. Sa barbe blonde touffue a en grande partie perdu la couleur qu'elle avait lorsque je l'ai vu pour la première fois en 1904 au Congrès des Arts et des Sciences de Saint-Louis, et ses cheveux sont assez blancs et maintenant coupés courts, hérissés de quelques centimètres sur toute la tête. Il serait reconnu comme un professeur allemand par son apparence et son allure, s'il était vu n'importe où sur le globe, mais on ne pourrait pas le qualifier de spécimen type, car il est exempt des vices auxquels le professeur allemand moyen est le plus accro. l'amour de la bière, du tabac et du latin. De plus, il déteste les duels, tout en reconnaissant que ce n'est pas aussi dangereux que le football américain. [11]

Mais aussi peu conventionnelles que puissent paraître ses opinions, il ne faut pas penser qu'Ostwald est un adepte de la mode. Il s'agit d'un radicalisme raisonné, qui ne trouve pas son origine dans le simple néophilisme ou l'iconoclasme, mais dans l'application de principes scientifiques aux problèmes de la vie quotidienne. Ce qui distingue Ostwald de la plupart des autres philosophes, c'est sa volonté de mettre ses principes à l'épreuve de l'expérience en s'efforçant de les respecter.

Notre conversation se déroulait nécessairement en anglais, car même si j'avais pris mes premiers cours d'allemand à Ostwald plus de vingt ans auparavant, en utilisant son " Lehrbuch der allgemeinen Chemie " comme introduction, au lieu du " Märchen " de Grimm - il n'était pas là pour m'apprendre à le parler. Ostwald, cependant, parle aussi facilement l'anglais que l'allemand -

ou le français ou l'ido . Son biographe raconte que, lorsque il apprenait l'anglais au *gymnase de Riga* , il avait de grandes difficultés à prononcer "the", jusqu'à ce qu'il découvre qu'il pouvait obtenir le son en se remplissant la bouche de *Zwieback* ; sur le même principe, je suppose, que Démosthène utilisait des cailloux. , il gère parfaitement ses *th's* , et je ne pense pas qu'il avait *Zwieback* dans la bouche quand il me parlait.

Son langage était particulièrement fluide et énergique lorsqu'il venait aborder la question de l'enseignement des langues. Le point principal de son réquisitoire contre le *lycée allemand* est le temps et l'honneur excessifs accordés à la linguistique. Il considère la nouvelle école scientifique (*Realschule*) comme presque aussi mauvaise que le *Gymnasium classique* à cet égard, car les langues modernes y sont enseignées à peu près de la même manière que les anciennes. L'absorption de l'attention de l'étudiant, pendant les années impressionnables de sa jeunesse, dans les particularités de la grammaire allemande ou les monstruosités de l'orthographe anglaise, ne cultive pas, mais affaiblit en fait, le pouvoir de la pensée logique et originale. Ostwald attribue les idées perverses de Nietzsche, sa conception erronée de la lutte pour l'existence et sa haine du peuple, à sa formation en philologie classique. Il avance comme cause de l'échec de l'Autriche-Hongrie à produire sa part proportionnelle de grands hommes, la lutte linguistique qui absorbe l'énergie de son peuple. La barrière de la langue locale est l'une des causes de frictions internationales et de perte de mouvement qui afflige l'esprit d'un physicien. Afin de surmonter ces frictions – comme un lubrifiant linguistique, en quelque sorte – il est favorable à la formation d'une langue auxiliaire internationale, notamment à des fins scientifiques et commerciales. [12] Je suppose qu'une des raisons pour lesquelles il pense qu'il est possible de construire un langage mondial artificiel est parce qu'il l'a vu se réaliser. L'expansion rapide de la science de la chimie organique au sein de la génération actuelle a nécessité l'invention, lorsque le besoin s'en faisait sentir, de plus de mots nouveaux que n'en contenait le vocabulaire de Shakespeare. Certains d'entre eux sont, il est vrai, plus compliqués que des formules que des mots, mais remarquables par leur signification succincte et sont largement communs à toutes les langues. Ostwald a récemment construit une toute nouvelle nomenclature de chimie en ido et propose bientôt de l'utiliser pour tous les résumés de son *Zeitschrift für physikalische Chemie* , afin que l'étudiant, après quelques heures passées à apprendre l'Ido , ait libre accès à toute la littérature de cette science. Le professeur Ostwald m'a assuré qu'il avait essayé d'exprimer sa philosophie dans le nouveau langage et qu'il avait trouvé cela très utile en donnant de la clarté et de la précision à sa pensée. Il considère l'adoption d'une langue internationale comme un élément important du mouvement pacifiste dans lequel il est désormais activement engagé. Je lui ai demandé s'il espérait que les traités d'arbitrage mettraient fin à la guerre, et il m'a expliqué qu'ils agiraient comme un système de signalisation en bloc sur une voie ferrée, n'empêchant pas toujours le désastre de la guerre, mais en réduisant les chances qu'elle se produise.

L'ido est une forme simplifiée de l'espéranto, issue du refus du Dr Zamenhof d'autoriser toute réforme de la langue qu'il avait inventée. Il abandonne les lettres accentuées et la forme accusative de l'espéranto et utilise une plus grande proportion de racines romanes communes à toutes les langues européennes. Les organes officiels sont *Progreso* (Paris : 3 Rue le Gof) et *The International Language* (Londres : 32 Cleveland Square). La nouvelle nomenclature chimique d'Ostwald a commencé dans le numéro de mai 1910 de *Progreso* . Le volume d'Ostwald, Jespersen et de trois autres professeurs intitulé "International Language and Science" (Londres : Constable, 1910) contient un test intéressant des capacités de la nouvelle langue, la traduction en ido et de nouveau en anglais par une autre personne . d'une page de la psychologie de James sans presque aucune perte dans le processus. Une page de "Das Monistische Jahrhundert " paraît chaque semaine en Ido .

Afin de mettre en œuvre des mesures pratiques visant à abattre les barrières entre les nations, il a créé « un Institut international pour l'organisation du travail intellectuel » connu sous le nom de *Die Brücke* , « Le Pont », ou, comme il préfère le dire dans Ido , *La Ponto* . Cela vise à servir l'objectif d'un centre d'échange mondial d'informations et d'un canal de communication pour toutes les formes de culture. Un plan pour un système uniforme de formats de page pour les livres et les périodiques, "l'hypoténuse oblongue", a été présenté ici et est discuté dans *Printing Art* , avril et mai 1911, juillet 1912.

donc en bonne voie de devenir à terme éligible au prix Nobel de la paix. Il est en fait caractéristique de l'homme qu'après avoir réussi dans un domaine de l'activité humaine, il porte son attention sur un autre. Cela fait partie de sa théorie de l'art de vivre. J'étais curieux de savoir pourquoi il avait quitté Leipzig et la chimie pour Gross- Boten et la philosophie, avait abandonné une des plus grandes universités et la plus populaire des sciences pour le village saxon et un champ de pensée réputé improductif. Il m'a expliqué que dans ses premières années, il avait un penchant pour la philosophie, mais qu'à cette époque, ce sujet était considéré avec défaveur. Maintenant, les choses ont changé. Les gens se rendent compte qu'il est nécessaire d'avoir une vision large et rapprochée. La civilisation avance en alternant périodes de spécialisation et de généralisation. Nous entrons maintenant dans la deuxième phase.

Ensuite, il était arrivé à la conclusion de son étude sur les grands savants que les hommes qui avaient accompli le plus de choses en prolongeant leur période productive l'avaient fait en changeant de métier deux ou trois fois au cours de leur vie ; par exemple, Helmholtz, qui a consacré la première moitié de sa vie adulte à la physiologie et à la médecine et la dernière à la physique, étant également éminent dans les deux domaines ; et Humboldt, qui a poursuivi son œuvre jusqu'à la fin de ses quatre-vingt-dix ans en passant d'un domaine scientifique à un autre. Arrivé à cette conclusion, Ostwald, en tant que scientifique expérimental, fut obligé de l'essayer sur lui-même. Le succès de l'expérience indique que la rotation des cultures est un bon plan en menticulture ainsi qu'en agriculture.

Il applique le même principe dans sa vie quotidienne. Fatigué de philosopher, il se tourne vers la peinture. Il trouve que cela soulage l'esprit mieux que toute autre chose, car cela envoie le sang vers un autre côté du cerveau, tandis que s'il essaie de se reposer en s'allongeant, le cerveau continue de fonctionner selon les mêmes vieilles lignes. Cette absorption dans l'effort artistique, il l'a utilisée dans sa conférence à Harvard sur « l'individualité et l'immortalité », lorsqu'il affirme que le plus grand bonheur se trouve plutôt dans l'effacement de l'individualité que dans sa persistance. Cette conclusion nous est familière comme celle des mystiques, mais Ostwald y parvient de manière caractéristique par une autre voie, la deuxième loi de l'énergétique. Après avoir parlé de la tendance des liquides et de la chaleur à la diffusion et à la perte d'identité qui en résulte, il applique le principe à la société et à la psychologie. Ce passage mérite d'être cité car il est pratiquement en contradiction directe avec la théorie fondamentale de Spencer selon laquelle l'évolution est un progrès de l'homogénéité à l'hétérogénéité, tant pour la matière que pour l'énergie. La différence résulte, je pense, principalement de ce que l'attention de Spencer était fixée sur la première loi, celle de la conservation de l'énergie, car l'importance de la seconde loi, celle de la dissipation de l'énergie, ne fut reconnue que longtemps après. [13] Le lecteur remarquera que la deuxième loi est résolument démocratique dans ses implications.

Il est en effet étrange qu'en étant simplement associé à une autre chose du même genre, l'identité soit perdue. Et ce qui est encore plus étrange, c'est que chaque être de cette espèce semble poussé par une impulsion irrésistible à rechercher toutes les occasions de perdre son identité. Tout fait physique connu conduit à la conclusion que la diffusion, ou une distribution homogène, de l'énergie est le but général de tous les événements. Aucun changement ne semble s'être produit, et probablement aucun ne se produira jamais, ce qui entraînera une concentration supérieure à la dissipation d'énergie correspondante. Une concentration partielle peut s'opérer dans un système, mais seulement aux dépens d'une plus grande dissipation, et la somme totale est toujours un accroissement de dissipation.

Même si nous sommes aussi sûrs que la science peut nous le donner quant à la validité générale de cette loi appliquée au monde physique, son application au développement humain peut être mise en doute. Il me semble que cela vaut également dans ce cas, si on l'applique avec la prudence voulue. La difficulté réside dans le fait que nous ne disposons pas de moyens objectifs précis pour mesurer l'homogénéité et l'hétérogénéité des affaires humaines et que nous ne pouvons donc pas étudier un système donné d'assez près pour tirer une conclusion quantitative. Il semble assez certain que l'accroissement de la culture tend à atténuer les différences entre les hommes. Non seulement elle égalise le niveau de vie général, mais elle atténue même les différences naturelles de sexe et d'âge. De ce point de vue , je devrais considérer l'accumulation d'énormes richesses entre les mains d'un seul homme comme l'indice d'un état imparfait de la culture.

La propriété que l'on a décrite comme une tendance irrésistible à la diffusion s'observe également dans certains cas chez l'homme. Chez les êtres conscients, ces tendances naturelles s'accompagnent d'un certain sentiment que nous appelons volonté, et nous sommes heureux lorsqu'il nous est permis d'agir selon ces tendances ou selon notre volonté. Or, si nous nous souvenons des moments les plus heureux de notre vie, nous constaterons qu'ils sont dans tous les cas liés à une curieuse perte de personnalité. Dans le bonheur de l'amour, ce fait sera immédiatement découvert. Et si vous appréciez intensément une œuvre d'art, une symphonie de Beethoven, par exemple, vous vous sentez soulagé du fardeau de la personnalité et emporté par le courant de la musique comme une goutte est emportée par une vague. Le même sentiment accompagne les grandes impressions que la nature nous donne. Même lorsque je suis assis tranquillement à dessiner en plein air, j'éprouve dans un moment heureux un doux sentiment d'être uni à la nature qui m'entoure, qui se caractérise distinctement par l'oubli complet de mon pauvre moi. Nous pouvons en conclure que l'individualité signifie limitations et malheur, ou du moins y est étroitement liée.

Le professeur Ostwald m'a montré l'atelier qui remplace aujourd'hui le laboratoire. Cela fait encore partie du laboratoire, car il expérimente les pigments et a inventé de nouvelles formes de crayons ou de pastels et des méthodes de fixation. En peinture, comme en tout, il travaille avec rapidité et efficacité. Trois jours aux chutes du Niagara lui ont donné au moins deux douzaines de photos. Il a un bon sens du pittoresque et utilise des colorations vives et variées. Il a utilisé son temps à l'Université de Californie pour obtenir de belles vues de Berkeley et du laboratoire balnéaire du professeur Loeb. Son séjour à Harvard en tant que professeur d'échange en 1905 lui a donné de nombreuses scènes de Marblehead et de Cambridge, parmi lesquelles une image saisissante du stade de Harvard vu de l'autre côté de la rivière et aussi imposant que le Colisée. La photographie qu'il pratique depuis son enfance. C'est par cela et par la fabrication de feux d'artifice dans la cuisine de sa mère qu'il fait ses premiers pas en chimie. Il a toujours été passionné de musique, tant comme auditeur que comme interprète, jouant bien du violon, et, dit son consciencieux biographe, très mal du basson. On nous dit également que pendant ses années d'étudiant, il composa une symphonie, écrivit beaucoup de poésie et s'appliqua assidûment à l'étude des lois du mouvement en expérimentant pendant des heures l'impact de boules d'ivoire élastiques sur une surface plane et verte.

La marche, cependant, a toujours été son principal récréation, si l'on peut appeler cela un récréation qui est le moyen de sa pensée la plus productive. Après le déjeuner, il m'a fait visiter son domaine, une montagne boisée surplombant les maisons du village, regroupées autour de Kirk et *du Gasthaus* , et, au-delà, le paysage saxon plat et ordonné, avec ses moulins à vent tranquilles. Les promenades sinueuses semblent suffisamment longues pour lui permettre d'évoluer sans être dérangé par la phrase allemande la plus compliquée. L'étranger peut trouver son chemin jusqu'au Landhaus Energie en demandant à un villageois "la maison avec la grande boîte aux lettres", car lorsque Ostwald s'est installé à Gross- Boten , il a fallu prévoir cette provision pour l'énorme courrier qui lui arrivait de toutes les parties du monde.

En Allemagne, on peut généralement déterminer la date de construction ou d'occupation d'une maison de campagne selon si elle s'appelle « *Villa* » ou « *Landhaus* ». Le mouvement germanique s'efforce d'expulser de la langue tous les étrangers. Nous voyons donc maintenant *Fahrkarte* à la place de *Billet* , autrefois utilisé ; *Fernsprecher* à la place *de Telefon* ; *Zweikampf* à la place de *Duell* ; et *Einheitslehre* à la place de *Monismus* . L'adoption d'une langue auxiliaire internationale, m'a expliqué le professeur Ostwald, faciliterait ce mouvement, car elle permettrait à chaque langue locale de se développer à sa manière, sans être pénalisée par l'isolement.

Je pensais, en revenant sur la route lisse, propre et bordée d'arbres jusqu'à la gare, qu'il y avait là au moins un homme qui avait atteint cette paix et ce bonheur intérieurs, cet honneur extérieur et cette utilité, qui devraient théoriquement récompenser tous les philosophes. . Peu d'hommes jouissent d'une aussi grande renommée scientifique. Encore moins d'entre eux comptent autant d'amis dévoués parmi leurs anciens élèves. Il serait difficile de croire qu'il ait des ennemis personnels, même s'il a de nombreux adversaires. Il a gagné son succès grâce à ses propres efforts, gravissant les échelons jusqu'à son poste actuel grâce à la force de son caractère et à ses capacités. Il était le deuxième fils d'un maître tonnelier de Riga, une ancienne ville hanséatique de la Russie balte. Il est né le 2 septembre 1853 et a fait ses études au *Real-gymnasium* de Riga et à l'Université de Dorpat, en Russie (1872-1875). Sa thèse de clôture de son cours, sur "L'action massive de l'eau", innove dans un domaine qu'il va désormais s'approprier. Il s'estimait alors chanceux d'obtenir un poste d'assistant en physique à Dorpat pour deux cent cinquante dollars par an, car cela lui donnait l'occasion de faire de la recherche, et ses mémoires de maîtrise et de doctorat attiraient l'attention par leur adoption audacieuse et le développement du nouveau théories des solutions et de l'affinité. Il profita de ses vacances à Riga pour cultiver - au moyen du piano et du pinceau - la connaissance de Fraulein Helene von Reyher , qu'il épousa à l'âge de vingt-sept ans. Ses camarades lui rappelèrent que, peu de temps auparavant, il avait déclaré qu'il ne se marierait jamais, car il devait consacrer tout son temps à la science. Mais il répondit : « J'ai dû me marier parce que la fille gênait mon travail. La mesure fut efficace, car elle n'a plus interféré depuis avec son travail, trouvant même le temps de l'aider dans ses travaux littéraires, bien qu'elle ait élevé cinq enfants. Ils ont fait leur voyage de noces dans un wagon postal de Riga à Dorpat et ont installé le ménage avec un poêle à kérosène et un petit piano comme mobilier principal ; pas de canapé. Les lecteurs qui comprennent l'importance du canapé dans un foyer allemand apprécieront cette privation. L'année suivante, il fut appelé dans sa ville natale comme professeur de chimie à l'École polytechnique de Riga et, en 1887, il quitta la Russie pour l'Allemagne pour occuper la chaire de chimie à l'université de Leipzig.

Dans son étude des hommes de science, Ostwald a introduit la distinction entre classique et romantique. Le classiciste s'en tient à une ligne de pensée et la développe lui-même de manière logique et complète. Son esprit fonctionne mathématiquement et il est friand de systèmes et de formulations, souvent accro au dogmatisme. Il est précis et minutieux, mais manque de capacité expérimentale et ne tient pas compte des applications pratiques. Il est réticent à publier et est susceptible d'être un mauvais professeur, exerçant peu d'influence personnelle sur ses étudiants et parfois aucune sur ses contemporains.

Le romantique, en revanche, est généralement un bon pédagogue et souvent le fondateur d'une école de pensée. Il a un tempérament expansif et une disposition géniale ; friand de conversation et porté à la publication rapide. Il exerce simultanément de nombreux métiers différents et souhaite les mettre en pratique le plus rapidement possible. C'est un théoricien aventureux, prêt à risquer un saut dans le noir, arrivant à des conclusions par une sorte d'intuition et pas toujours capable d'expliquer comment il est arrivé à ses résultats. Il est donc susceptible de commettre des erreurs flagrantes et d'être impatient des détails. Le romantique est payé en monnaie courante, c'est-à-dire en dévouement de ses disciples et en honneurs de ses collègues, parfois même en applaudissements et en richesses d'un public reconnaissant. Le classiciste doit accepter un paiement différé, et ses services rendus à la science ne reçoivent souvent une reconnaissance adéquate qu'après sa mort, et parfois pas alors.

Parmi les scientifiques américains, nous disposons de spécimens presque parfaits de ces deux genres. Le comte Rumford était un romantique typique et Willard Gibbs un classique typique, et il y avait, comme je l'ai montré ailleurs [14] , le plus grand contraste possible dans leurs caractères et leurs carrières. Ostwald, il va sans dire, possède toutes les caractéristiques du romantique. Il est devenu un enseignant du monde grâce à ses livres et périodiques. Il a formé dans son laboratoire Arrhenius, Nernst et bien d'autres d'une éminence presque égale. Il a eu la satisfaction de voir ses théories abstraites devenir la base de travail d'énormes industries.

Il convient de noter que la science qui, en Allemagne, a été le plus étroitement liée aux universités et dans laquelle les recherches les plus pures ont été effectuées, s'est développée le plus rapidement et s'est révélée la plus rentable. La valeur annuelle des produits des industries chimiques allemandes dépasse trois cents millions de dollars. Et ce n'est là qu'une des sources de la nouvelle richesse qui arrive à l'Allemagne et qui fait de ce pays l'une des principales puissances mondiales. En Grande-Bretagne, l'émigration dépasse l'immigration, tandis qu'en Allemagne, c'est récemment l'inverse qui se produit, bien qu'en Allemagne l'augmentation de la population due à l'excédent des naissances sur les décès soit de neuf cent mille, soit le double de ce qu'elle est en Grande-Bretagne. À ce rythme, l'Allemagne aura bientôt une population deux fois plus nombreuse que celle de la Grande-Bretagne. Et la richesse de l'Allemagne augmente plus vite que la population, malgré les lourdes pertes d'armée et de marine. J'ai demandé au professeur Ostwald la cause de l'étonnante prospérité de l'Allemagne. "Nous, Allemands, croyons en la science", répondit-il simplement.

Les idéaux de système, d'économie et d'efficacité développés en laboratoire ont été appliqués en Allemagne plus qu'ailleurs aux affaires militaires, à la promotion du commerce et aux méthodes d'administration. L'intention d'Ostwald est de faire prévaloir le point de vue scientifique dans le traitement de tous les problèmes sociaux et, dans la poursuite de cet objectif, il consacre sa plus grande attention à la discussion des questions éthiques et politiques de l'heure à travers les sociétés monistes. Comme exemple de sa façon de penser sur de tels sujets, je cite un passage de son « Individualité et Immortalité » :

Il ne fait aucun doute que la nature est pleine de cruauté. Dans tout le domaine des êtres organiques, nous trouvons dans presque toutes les classes d'animaux et de plantes des espèces qui vivent aux dépens de leurs semblables. J'entends par là les organismes parasites de toute espèce, qu'ils vivent à l'intérieur de leurs hôtes, qu'ils tuent ou rendent malheureux, ou qu'ils se nourrissent directement d'autres créatures. Personne ne songe à punir un chat qui torture une pauvre souris sans aucun but vital, et nous trouvons tout à fait naturel que les larves de certaines guêpes se développent à l'intérieur des chenilles, dévorant lentement leurs hôtes de l'intérieur. Seul l'homme essaie de changer cette manière générale de la nature et de diminuer autant que possible la cruauté et l'injustice envers son prochain et ses semblables. Et du désir ardent que cette tache noire soit éliminée le plus complètement possible de l'humanité, est née l'idée qu'il doit y avoir au-delà de notre vie corporelle une possibilité de compenser le mal qui est fait et celui qui est subi au cours de la vie sans raison. punition ou récompense comme le suggère notre sens de la justice.

Mais la récompense et la punition prennent un tout autre aspect lorsque nous considérons l'humanité comme un seul être collectif. L'individu individuel est alors comparable à une cellule dans un organisme hautement développé. La destruction de ses semblables serait une nuisance et une menace pour l'organisme tout entier, et par conséquent toute cellule qui détruisait ses voisines serait soit retirée de l'organisme, soit enkystée et empêchée de causer d'autres dommages. Et d'un autre côté , les cellules qui remplissent des fonctions utiles seraient nourries et protégées.

La nécessité même de surmonter de telles actions dangereuses de la part des cellules signifie une diminution de l'efficacité de l'organisme, puisque le travail nécessaire à cet effet pourrait être mieux utilisé au bénéfice immédiat de l'organisme lui-même. Le mieux serait alors d'éviter au préalable la formation de cellules aussi mauvaises, et un organisme possédant les moyens appropriés pour y parvenir aurait un grand avantage.

L'application de ces considérations à l'organisme collectif humain est évidente. La punition signifie dans tous les cas une perte, et le but du développement culturel n'est pas de rendre la punition plus efficace, mais de la rendre inutile. Plus chaque individu est conscient de son appartenance au grand organisme collectif de l'humanité, moins il sera capable de séparer ses propres objectifs et intérêts de ceux de l'humanité. Le résultat est une réconciliation entre le devoir envers la race et le bonheur personnel, ainsi qu'une norme indubitable permettant de juger nos propres actions et celles de nos semblables.

Le sacrifice de soi a été considéré à toutes les époques et par toutes les religions comme la plus haute perfection du développement éthique. En même temps, tout homme qui a réfléchi un peu plus profondément s'est rendu compte que le sacrifice de soi doit avoir un sens, qu'il doit aboutir à un effet qui ne pourrait être obtenu par d'autres moyens. Autrement, le sacrifice de soi ne serait pas un gain, mais plutôt une perte pour l'humanité. Mais nous considérons comme justifié le sacrifice de soi pour le bien de l'humanité, et cela correspond à notre sentiment général. On admire un homme qui se jette dans un feu ou un torrent pour sauver un enfant de la mort ; cela devrait signifier encore plus pour nous lorsqu'un médecin se rend au milieu d'une peste qui fait rage, conscient du péril qui l'attend. Mais nous n'estimons pas davantage un homme qui risque sa vie pour sauver son argent d'une maison en feu.

COMMENT LIRE OSTWALD

Le seul ouvrage philosophique d'Ostwald disponible en anglais est le "Grundriss der Naturphilosophie ", publié dans Reclam's *Universal- Bibliothek* (Leipzig) et traduit par Thomas Seltzer et publié par Henry Holt & Company, New York, sous le titre « Natural Philosophy ». Il s'agit d'un exposé populaire succinct des principes fondamentaux de toutes les sciences et est principalement consacré à une considération systématique de la théorie de la connaissance et des lois de la logique. Il n'est donc pas aussi intéressant pour le lecteur général que certains de ses ouvrages non traduits dans lesquels il aborde diverses questions éthiques et sociales d'un point de vue scientifique, comme par exemple "Die Forderung des Tages" ("Les exigences du jour") . (Leipzig : Akademische Verlagsgesellschaft). Sa "Grosse Männer " (même éditeur) contient des notices biographiques de Davy, Mayer, Faraday, Liebig, Gerhardt et Helmholtz ainsi que ses observations générales sur le caractère et la formation des découvreurs scientifiques. La conférence d'Ostwald à Harvard sur « l'individualité et l'immortalité » a été publiée par la Houghton Mifflin Company en 1906. Il publie actuellement une série de conférences informelles sur les idéaux scientifiques et la morale sous le titre de « Monistische Sonntagspredigten " (Verlag des Deutschen Monisten-Bundes à Berlin). Une deuxième série a été publiée par l' Akademische Verlagsgesellschaft , Leipzig, et un troisième par la Verlag Unesma , Leipzig. Quelques titres indiqueront leur caractère et leur portée : « Aimez-vous les uns les autres », « L' affaire Jatho », « Comment le mal est venu dans le monde », « La liberté de la volonté », « Qu'est-ce que la vérité ? "Nietzsche et la lutte pour l'existence", "Sciences naturelles et science du papier", "La pierre philosophale", "Efficacité". Ce dernier nommé a été publié dans *The Independent* , le 19 octobre 1911. "La théorie des vagues de l'histoire", une explication de la cause des alternances périodiques dans la finance et la politique, a été publiée dans *The Independent* , le 10 juillet 1913. Un article, " Breaking Barriers", paru dans *The Masses* , février 1911. Il est grandement souhaitable que tous ces "Sermons monistes du dimanche", ainsi que "The Day's Duty" et "Great Men", soient traduits en anglais, car ils représentent un point de vue d'une importance croissante dans la pensée moderne.

D'autres articles d'Ostwald accessibles en anglais sont : « The Philosophical Meaning of Energy », dans *The International Quarterly* , Vol. VII ; « La théorie moderne de l'énergie », avec la critique du Dr Carus , dans *The Monist* , 1907 ; "Chemical Energy" dans le *Journal of the American Chemical Society* , août 1893, et dans le Smithsonian Report de 1893 ; "Une contribution à la théorie de la science", son discours devant la section de méthodologie au Congrès de Saint-Louis, dans *Popular Science Monthly* , 1905, p. 219 ; "L'art de faire des découvertes", dans *Science American Supplement* , n° 1807 ; une esquisse du personnage de Sir William Ramsay dans *Nature* , 11 janvier 1912.

Parmi les ouvrages chimiques d'Ostwald, les suivants ont été traduits en anglais : « Conversations on Chemistry » (Wiley). "Manuel de mesures physiques et chimiques" (Macmillan), traduit par James Walker. "Le fondement scientifique de la chimie analytique", traduit par G. McGowan (Macmillan). "Solutions", traduit par M. Pattison Muir (Longmans). "Les principes de la chimie inorganique", traduit par Alex. Findlay (Macmillan). "Les principes fondamentaux de la chimie", traduit par Harry W. Morse (Longmans). "Lettres à un peintre sur la théorie et la pratique", traduites par Morse (Ginn).

L'étudiant sérieux de la pensée d'Ostwald se consacrera bien entendu principalement à ses " Annalen der Natur - und Kulturphilosophie " (Leipzig : Verlag Unesma). Le résumé le plus récent et le plus complet de sa conception de l'univers est donné dans "Die Philosophie der Werte " (Alfred Kröner , Leipzig, 1914). Dans la conférence de Lübeck, "Die Ueberwindung des wissenschaftlichen Matérialisme " (*Zeitschrift für physikalische Chemie , Band* 18, pp. 305-320, et publié séparément par Veit , Leipzig, 1895), et les " Vorlesungen super Naturphilosophie " (Veit , 1902), il pose les bases de sa théorie. Dans " Die energetische Grundlagen der Kulturwissenschaft " (Leipzig, 1909), il l'étendit à la science de la civilisation. Dans "Die wissenschaftliche Stellung " (" Annalen der Naturphilosophie ", Vol. X), il se défend contre certaines idées fausses, comme par exemple selon laquelle il ferait de l'énergie la seule réalité au monde, ou un principe métaphysique comme "l'Inconscient" de Hartmann. La vision pédagogique d'Ostwald se trouvent dans les chapitres de "Die Forderung des Tages", dans l'article sur "L'université du futur et l'avenir de l'université" (" Annalen der Naturphilosophie ", Vol. X, p. 236) et dans "Wider das Schulelend , Ein Notruf " (Leipzig : Akademische Verlagsgesellschaft). " Erfinder und Entdecker " contient des croquis de Mayer, Helmholtz et Liebig (Vol. XXIV de *Die Gesellschaft* , Francfort-sur-le-Main : Rütten und Leoning). "Die Energie " est une exposition populaire sur l'énergétique (Vol. I de Wissen und Können . Leipzig : Barth). Les contributions d'Ostwald à l'internationalisme sont pour la plupart publiées par *Die Brücke* , Munich. Sa propagande populaire de l'évangile du monisme est désormais assurée par l'organe hebdomadaire de la société, qu'il dirige, *Das Monistische Jahrhundert* (Verlag Unesma , Leipzig).

Une esquisse intime et élogieuse de la vie et de l'œuvre de "Wilhelm Ostwald" a été écrite par P. Walden à l'occasion du vingt-cinquième anniversaire de son doctorat (Leipzig : Engelmann).

Il y a de la place ici pour donner seulement quelques références aux discussions et critiques des théories d'Ostwald. Le docteur Roberty , dans « Energétique et Sociologie » (*Revue philosophique* , janvier 1910), montre la grande importance de l'extension par Ostwald des lois de l'énergétique aux phénomènes vitaux et sociaux. Une comparaison minutieuse des théories contradictoires de Lombroso et d'Ostwald sur le caractère du génie est fournie par Georg Wendel au *Zeit. für Philosophie* , 1910. Dans le *Vierteljahrsschrift für wiss . Philosophie et Soziologie* pour 1905 se trouvent *Bemerkungen über die Metaphysik in der Ostwald'schen Energetik* , de FW Adler, et *Atomistik und Energetik von Standpunkte économique Naturbetrachtung* , de Hermann Wolff. F. Dennert dans son volume sur "Die Weltanschauung des modernen Naturforschers " (Stuttgart, 1907) consacre un chapitre à Ostwald.

Je dois également mentionner les précieux articles rédigés par le docteur Fielding H. Garrison dans le *New York Medical Journal* , le 11 septembre 1909, sur "La physiologie et la deuxième loi de la thermodynamique", dans lesquels il discute de l'application des théories de Gibbs et d'Ostwald. à la biologie.

———

[1] Le lecteur intéressé et qui lit l'allemand trouvera une discussion complète de la formule et de sa signification dans *Die Forderung des Tages* .

[2] Mes définitions non conventionnelles de la deuxième loi seraient répudiées par tout physicien qui se respecte. Le lecteur est donc averti que la manière appropriée de le dire est « l'entropie de l'univers tend vers un maximum ». (Clausius.)

[3] *C'était ça Wahrheit ?* (*Monistiche Sonntagspredigten* , Nr. 5.)

[4] *L' énergie Impératif* , *Ann. d. Nat. Phil* ., Vol. X.

[5] Imprimé dans *The Independent* , 19 octobre 1911.

[6] Voir la fantaisie scientifique de Flammarion, *Lumen* .

[7] Rire. Essai sur le sens de la bande dessinée. Par Henri Bergson. La société Macmillan.

[8] Die Ueberwindung des wissenschaftlichen Matérialisme . Discours de Lübeck devant l'Association allemande des naturalistes et des médecins.

[9] J. Willard Gibbs : « Thermodynamique Studien ." Uebersetzt von W. Ostwald. Leipzig : W. Engelmann. 1892.

[dix] *Nature* , 64, 428 (1901).

[11] « Kultur und Duell » dans « Die Forderung des Tages ».

[12] Ostwald a consacré les 40 000 $ qu'il a reçus du Fonds Nobel à la tentative d'introduire une nouvelle langue, l'Ido . Mistral consacre la sienne à la tentative de perpétuer une langue ancienne, le provençal. Nous voyons donc que l'argent dynamité, comme la dynamite elle-même, exerce sa force dans des directions opposées.

[13] Spencer a jeté les bases de sa philosophie dans l'essai sur « Le progrès : sa loi et sa cause » plus de vingt ans avant la publication de « Die mechanische » de Clausius. Théorie de la chaleur ."

[14] « Principaux hommes de science américains ». (Holt & Compagnie.)

CHAPITRE VI

ERNST HAECKEL

———

L'investigation moniste de la nature comme connaissance de la véritable éthique moniste comme formation au bien, l' esthétique moniste comme poursuite du beau - tels sont les trois grands départements de notre monisme : par la culture harmonieuse et cohérente de ceux-ci, nous effectuons enfin le véritable l'union béatifique de la religion et de la science, si douloureusement désirée par tant de personnes aujourd'hui. Le Vrai, le Beau, le Bon, tels sont les trois augustes Divins devant lesquels nous nous agenouillons en adoration ; dans la combinaison directe et le complément mutuel de ces éléments, nous obtenons l'idée pure de Dieu. C'est à cet idéal divin trine que le vingtième siècle construira ses autels . — La Confession de foi d'un homme de science de Haeckel.

La répartition géographique des universités allemandes est telle qu'elle choque l'esprit ordonné de notre Conseil de l'enseignement général, qui, comme un forestier qualifié, croit à l'élimination, ou plutôt au non-entretien, des institutions qui se rapprochent les unes des autres. Mais en Allemagne, le sol est si riche qu'il abrite trois grandes universités : Leipzig, Halle et Iéna, implantées dans un cercle de vingt milles à la ronde, et néanmoins toutes florissantes. Même le développement considérable de l'Université de Berlin depuis que cette ville est devenue la capitale impériale n'a pas encore éclipsé les institutions plus petites. Car, aussi curieux que cela puisse paraître à nous Américains, les étudiants européens ne sont pas influencés dans le choix d'une université principalement par sa taille, la splendeur de ses bâtiments ou même son palmarès sportif. Ils semblent plutôt considérer la personnalité des professeurs comme la chose importante et parcourent souvent des distances considérables, au prix de un cent et seize centièmes par mile, troisième classe, afin de se mettre sous l'instruction d'un homme particulier qu'ils ont choisi. ont eu envie de le faire, ignorant complètement une autre université qui, de notre point de vue, avait droit à leur allégeance, du fait qu'elle était plus proche ou qu'elle avait été fréquentée par leurs pères. Iéna, la moins nombreuse des trois en termes de nombre, n'est pas pour cela disposée à avouer son infériorité à l'un de ses rivaux, pas même au grand Berlin. Au contraire, Haeckel, dans sa célèbre controverse avec Virchow, s'excusa avec une politesse satirique de l'ignorance de son adversaire en matière de zoologie , au motif qu'on ne pouvait pas s'attendre à ce qu'il suive le progrès de la science après avoir quitté le petit institut de zoologie. Würzburg pour les équipements luxueux et les devoirs politiques et sociaux de Berlin. En fait, Haeckel, avec son penchant pour la formulation, a posé sur ce point il y a trente-cinq ans une loi qui, dit-il, n'a pas encore été contredite, selon laquelle « le travail scientifique d'une institution est en raison inverse de sa taille ». ".

Certes, si l'isolement et les traditions savantes sont propices à la réussite intellectuelle, Iéna est le lieu idéal pour le penseur. L'université, avec mille huit cent dix-sept étudiants, fait environ un tiers de la taille de l'Université du Wisconsin. La population de la ville est à peu près la même que celle de Madison. Mais alors que Madison a d'autres intérêts, politiques notamment, Jena est absorbée par l'université. Sa principale industrie, la verrerie, est le fruit de l'université, car c'est grâce à la collaboration heureuse d'Ernst Abbé, un professeur capable de déterminer les indices de réfraction, avec Carl Zeiss, un verrier prêt à investir de l'argent dans des formules étranges, que les nouvelles lentilles ont été découvertes qui rendent possible notre photographie et notre microscopie modernes. La dette que l'industrie devait à la science a été généreusement remboursée, car la société Zeiss a supporté une grande partie des dépenses liées à l'entretien de l'université et à la construction de ses nouveaux bâtiments, en plus de donner à la ville de nombreux édifices publics, parmi lesquels un magnifique bain public, un auditorium et une bibliothèque et salle de lecture gratuites, où sont classés cent quinze quotidiens et trois cent soixante périodiques (bibliothécaires américains, prenez note).

On peut en déduire que Iéna est une ville moderne. Pourtant, en même temps, il conserve plus de pittoresque médiéval que la plupart des autres, mêlant le nouveau et l'ancien comme seuls les Allemands savent le faire. " *Das liebe närrische Nest* ", comme l'appelait Goethe, est caché parmi les collines de Thuringe, de sorte que le chemin de fer a mis longtemps à le trouver. Les rues pavées s'éloignent de la place du marché d'une manière nonchalante et changent d'avis sur où ils vont sans s'en apercevoir, contournant les églises gothiques, plongeant sous les vieilles tours, errant lentement le long des rives de la Saale, ou s'élançant brusquement vers le haut de la colline. des casquettes rouges, si serrées parfois qu'on peut toucher les murs des deux côtés, et qu'il faut marcher un pied sur le trottoir et l'autre sur le trottoir, comme ce professeur allemand distrait qui se croyait boiteux. Quand j'ai vu Iéna, j'ai compris quelque chose qui m'avait longtemps intrigué, à savoir comment est né le teckel. Il est manifestement un produit de l'évolution selon le principe de la survie du plus fort, car seule une créature construite selon le cahier des charges " un chien et demi de long et un demi-chien de haut" pouvait se frayer un chemin avec commodité et célérité à travers ce dédale de rues étroites. Mais toutes sortes de véhicules et de bêtes de somme circulent également d'une manière ou d'une autre ; des bœufs et des chevaux, des automobiles et des bicyclettes, des charrettes à chiens et des charrettes à femmes. Les étudiants les plus visibles partout sont les étudiants, qui se promènent dans la ville avec la conscience de la posséder, leurs casquettes de couleur vive à un angle arrogant et leurs visages ressemblant à des publicités sur les dangers de ne pas utiliser de rasoirs de sûreté, pour l'étudiant d'Iéna. Il a trois cent cinquante ans de tradition universitaire à respecter et il en réalise pleinement la responsabilité.

L'histoire ancienne et honorable d'Iéna est incontournable. Il est tissé dans le tissu même du lieu, et celui qui court peut le lire sur les panneaux de signalisation. Le Volkshaus , que j'ai mentionné, est abordé de manière très appropriée par la Ernst Abbé Strasse et la Carl Zeiss Strasse. De l'autre côté se trouve la Luther Strasse, car Iéna a hébergé le grand réformateur pendant deux ans à un moment critique de sa carrière. Cela mène à la Goethe Strasse — Goethe a composé le « Erlkönig » à Iéna. Le tournant suivant nous amène dans la Schiller Strasse. Schiller a été professeur d'histoire à l'université pendant dix ans, tout en s'adonnant activement à la poésie. Une grosse pierre dans le vieux jardin marque l'endroit où il a écrit "Wallenstein", 1798. À la porte du jardin se trouve la Ernst Haeckel Platz, d'où la Ernst Haeckel Strasse nous conduit à notre destination, la Villa Méduse. Quelle autre ville pourrait offrir une promenade de dix minutes aussi riche en noms dignes d'être retenus ?

La Villa Méduse, remarquez, ne doit pas son nom au grec gorgone, mais à la belle méduse à la longue traînée de fils ondulants, l'une des comètes vivantes draguées par le Challenger que Haeckel a représentée et décrite il y a trente *ans* . La maison est une habitation carrée, blanche, à deux étages, à moitié cachée par les grands arbres. Le mobilier est de type allemand conventionnel. La pièce dans laquelle on m'a montré n'était pas petite, mais elle le semblait lorsque le professeur Haeckel y entra, car la première impression qu'on a est celle de la grandeur. C'est vraiment un grand homme, quelle que soit la façon dont vous le prenez ; grand, doté de membres lourds et de grands traits ; ses cheveux sont maintenant blancs mais épais, et sa barbe large et touffue. Il bouge maintenant avec une certaine raideur, mais sinon ses quatre-vingts années n'ont pas altéré sa vigueur. Son allure est droite et sa poignée de main forte. Son rire est chaleureux et ses yeux bleus pétillent lorsqu'il raconte quelque incident amusant parmi les controverses dont sa vie a été pleine.

Car Haeckel a été le centre des tempêtes des mouvements cycloniques qui ont balayé la terre entière au cours du siècle dernier. Son nom a été un cri de guerre dans les guerres scientifiques, religieuses et politiques de plus d'une génération, et jamais plus qu'à l'heure actuelle, alors qu'une nouvelle religion comptant plusieurs milliers d'adhérents s'est lancée à la conquête du monde sous le signe : "Il n'y a qu'une seule Substance et Haeckel est son prophète." J'ai déduit de ce qu'il m'a dit et plus encore de ce qu'il n'a pas dit qu'il n'était pas très enthousiasmé par la forme semi-ecclésiastique que prend actuellement la propagande en Allemagne, mais qu'il était plutôt intéressé par une acceptation plus calme et plus large de son des idées qu'il considère comme pratiquement complètes dans les cercles scientifiques. Il dément catégoriquement toute intention d'établir un culte ou un rituel, comme Comte. J'imagine que la phrase par laquelle il termine son chapitre sur "Notre religion moniste",

De même que les catholiques ont dû abandonner un certain nombre d'églises à la Réforme au XVIe siècle, de même un nombre encore plus important passera aux sociétés libres des monistes dans les années à venir.

» a été, comme beaucoup d'autres paragraphes du livre, rédigé plus pour irriter le clergé que dans une intention sérieuse. Mais il est curieux d'observer avec quelle rapidité les monistes locaux prennent la forme de congrégations non-conformistes. Ils célèbrent Noël, c'est-à-dire le solstice d'hiver, avec des arbres, des bougies et des cadeaux. Ils ont un sermon hebdomadaire d'Ostwald et un journal de l'école du dimanche, *Die Sonne*.

Pour voir Haeckel à son meilleur, il faudrait le faire parler de sa bien-aimée Iéna, ce qui n'est en effet pas difficile à faire, car il est toujours prêt à parler avec enthousiasme de sa beauté, de sa liberté de pensée et de son leadership dans de nombreux domaines. grands mouvements intellectuels de l'histoire allemande. Lorsque j'ai remarqué les nombreuses routes et sentiers charmants sur les collines autour de la ville, il m'a expliqué que Iéna était la dernière des villes universitaires à être atteinte par le chemin de fer. Les professeurs et les étudiants étaient pauvres et devaient marcher. Ils apprenaient donc à bien marcher, à prendre plaisir à faire de l'exercice en plein air et à apprécier les belles vues. Haeckel lui-même est un grand amoureux du paysage ainsi que du beau dans toutes les formes de vie, cela est bien connu des lecteurs de ses croquis de voyage. Il en attribue le mérite à sa mère qui, comme il le dit en lui dédiant ses "Lettres indiennes",

A suscité en moi dès ma plus tendre enfance le sens de la beauté infinie de la nature et a enseigné au garçon en pleine croissance la valeur du temps et la joie du travail.

Ses compétences de dessinateur et de coloriste apparaissent dans ses œuvres zoologiques et, outre ce travail professionnel, il a dans ses portfolios plus d'un millier de croquis originaux à l'huile et à l'aquarelle de paysages allant de la Norvège au Malaisie; en fait, de chaque quart du globe, à l'exception de l'Amérique. À vingt-cinq ans, il est tellement captivé par la Sicile qu'il abandonne presque la science pour faire carrière dans la peinture de paysage.

La liberté d'enseignement dont Iéna a bénéficié à un degré exceptionnel, même pour l'Allemagne, Haeckel l'attribue en partie au fait que l'université est située dans l'un des petits États, éloigné des grands centres politiques, et tire son soutien de plusieurs sources. . « Nous avions quatre maîtres, me dit le professeur Haeckel, et nous restions donc libres. Il termine son discours de 1892 sur « Le monisme comme lien entre la religion et la science » par un éloge funèbre reconnaissant du grand-duc Karl Alexander, qui, dit-il :

s'est constamment montré, au cours d'un règne prospère de quarante ans, un illustre mécène de la science et de l'art ; en tant que recteur Magnificentissimus de notre université de Thuringe d'Iéna, il a toujours accordé sa protection à son palladium le plus sacré : le droit à la libre recherche et à l'enseignement de la vérité.

On voit que Haeckel a des raisons d'être reconnaissant pour la protection qui lui a été accordée quand on réalise qu'il a défendu pour la première fois la cause de Darwin en 1862, trois ans seulement après la publication de « L'Origine des espèces », et que vingt ans plus tard, des professeurs ont été ont été renvoyés des universités américaines ou ont été considérés avec suspicion parce qu'ils croyaient en l'évolution. Même aujourd'hui, un homme partageant les opinions de Haeckel sur la religion et sa façon brutale de les exprimer aurait du mal à conserver sa chaire dans la plupart des universités américaines. En Allemagne, un professeur peut être presque tout ce qu'il veut – sauf socialiste – et occuper son poste.

Une chanson des étudiants d'Iéna contient le couplet

" Wer die Wahrheit Kennet et Saget sie nicht ,
Der ist fürwahr un erbärmlicher Qui !"

Mais selon Haeckel, les étudiants de l'Université de Berlin ont une version différente :

Wer die Wahrheit Kennet et Saget sie libre ,
Der kommt in Berlin auf die Stadtvogtei ! [1]

Le grand-duché de Saxe-Weimar-Eisenach, dont Iéna est l'une des principales villes, a à peu près la même superficie que Rhode Island et moins d'habitants. Ce fut le premier des États allemands à se doter d'un gouvernement constitutionnel, en 1816. La communauté est plutôt rigidement orthodoxe dans la foi évangélique luthérienne, qu'elle fut parmi les premières à épouser. Un incident survenu lorsque Haeckel scandalisa pour la première fois l'Allemagne en défendant la cause du darwinisme montre à quel point le grand-duc Karl Alexander maintenait la tradition de la *Lehrfreiheit à Iéna*. Un théologien éminent se rendit au palais du grand-duc de Weimar et le supplia de renvoyer le professeur hérétique. Karl Alexander demanda : « Pensez-vous qu'il croit vraiment aux choses qu'il publie ? »

"Très certainement", fut la réponse rapide. "Très bien", dit le Grand-Duc, "alors cet homme fait simplement la même chose que vous."

C'est à peu près à cette époque que Haeckel, se rendant compte que l'université souffrait de l'attaque dont il était victime, s'adressa à Seebeck , le chef du conseil d'administration, en lui proposant de démissionner de son poste de professeur afin d'apaiser les tensions. Seebeck , qui n'avait que peu de sympathie pour ses théories, répondit : « Mon cher Haeckel, tu es encore jeune et tu auras encore une vision plus mûre de la vie. Après tout, tu feras moins de mal ici qu'ailleurs, tu ferais donc mieux de rester."

Il convient peut-être d'ajouter que même si Haeckel n'a pas changé d'avis, sauf pour devenir plus radical à mesure qu'il vieillissait, l'Université n'a pas souffert à long terme de sa présence. Au contraire, sa renommée en tant que chercheur et enseignant a attiré des étudiants du monde entier et a apporté à l'Université plusieurs dotations importantes.

Près de la Ernst Haeckel Strasse et face au parc appelé Paradis se trouve un bâtiment unique, le Musée Phylétique, créé par Haeckel pour abriter des collections illustrant la théorie de l'évolution. Sur le mur est peint l'arbre généalogique de la plus grande famille du monde, englobant tout le règne animal, et au-dessus de l'arc central est inscrite une citation du poète que Haeckel admire le plus, Goethe :

Nous Wissenschaft und Kunst besitzt
Der hat Religion;
Nous cette beiden pas besitzt
Der habe Religion!

Ce que Lange met en anglais comme

Celui qui a la science et l'art
a aussi la religion ; que celui qui n'y participe pas fasse faire sa religion.

De nos jours, alors que l'évolution est généralement acceptée, qu'elle est prêchée en chaire et enseignée à l'école, il nous est difficile de nous rendre compte du mépris et de l'incrédulité qui ont accueilli la théorie lors de sa première formulation. Nous qui voyons autour de nous des laboratoires d'évolution expérimentale où sont produites à volonté de nouvelles espèces de plantes et d'animaux, selon un cahier des charges établi à l'avance, pouvons difficilement nous mettre à la place de ceux qui croyaient il y a cinquante ans que remettre en question l'immuabilité des espèces était de provoquer une confusion intellectuelle et d'inviter le chaos moral. Nous pouvons donc à peine apprécier le courage et la perspicacité du jeune Haeckel à défendre ouvertement le darwinisme à une époque où cette théorie était considérée comme une absurdité, pas seulement par les théologiens, comme on pourrait le déduire de « Warfare of Science with Theology » d'Andrew D. White. , mais par la plupart des principales autorités dans tous les domaines scientifiques. Mais on peut l'imaginer en ce dimanche soir mémorable du 19 septembre 1863, alors qu'il se levait pour prononcer le discours d'ouverture du congrès scientifique de Stettin ; un grand et beau jeune homme, à la barbe blonde, aux yeux brillants, au teint hâlé, travailleur, athlétique (la même année, il remporta une couronne de lauriers au festival de Leipzig pour un saut record de vingt pieds). C'était certainement présomptueux de la part d'un zoologiste de vingt-neuf ans seulement, qui venait d'obtenir dans le milieu universitaire un poste de professeur extraordinaire à Iéna (ce qui signifie en dessous de l'ordinaire en Allemagne) ; qui venait de publier son premier livre, la "Monographie sur les Radiolaires", pour ainsi attaquer les convictions de ses aînés et de ses maîtres réunis. Haeckel n'était pas un homme à mi-chemin. Dès qu'il épousa le darwinisme — c'est-à-dire à peine un mois après avoir posé les yeux sur « L'Origine des espèces » — il en tira des conclusions que Darwin lui-même hésitait à suggérer ; d'une part que la vie est issue de la matière inorganique, d'autre part que la race humaine est issue des animaux inférieurs. Il dressa aussitôt un pedigree non seulement des radiolaires mais de l'humanité. Voici un passage du tout début de son discours de Stettin :

En ce qui concerne l'homme lui-même, si nous sommes cohérents , nous devons reconnaître ses ancêtres immédiats dans les mammifères simiesques ; plus tôt encore chez les marsupiaux ressemblant à des kangourous ; au-delà, dans la période secondaire, chez les reptiles ressemblant à des lézards ; et enfin, à un stade encore plus précoce, la période primaire, chez les poissons peu organisés.

et cela, rappelons-le, s'est produit huit ans avant que Darwin ne publie sa « Descente de l'Homme ».

"Sans Haeckel, il y aurait eu Darwin, mais pas de darwinisme", déclare avec enthousiasme l'un de ses disciples. Mais cela soulève immédiatement la question de savoir si c'était vraiment un avantage d'avoir fait de Darwin un «isme». En tant que simple question de taxonomie, sa théorie aurait été considérée par le monde profane comme inoffensive et sans intérêt. Mais présenté par Haeckel comme une preuve du matérialisme, comme antagoniste de l'Église et destructeur du christianisme, le darwinisme a suscité de tous côtés des ennemis qui autrement ne se seraient pas préoccupés de lui. Il s'agit cependant de savoir ce qui aurait pu se passer avec la question de savoir si les esclaves n'auraient pas été libérés sans effusion de sang *si* les abolitionnistes n'avaient pas été si extrémistes et si les sudistes n'avaient pas été si intolérants. Donc dans ce cas ; Haeckel était extrémiste, ses adversaires étaient intolérants, donc la guerre devait l'être. Darwin, au caractère doux, dut plus d'une fois avertir son ardent défenseur allemand d'être moins violent et moins radical dans ses attaques contre ceux qui partageaient les opinions les plus anciennes. Ils étaient plus à plaindre qu'à blâmer, disait Darwin, et ils ne pouvaient retenir définitivement le flot de la vérité. En Angleterre, Huxley, au même moment, avec une plume tout aussi acérée que celle de Haeckel, menait une guerre similaire contre les antagonistes cléricaux.

On peut dire que Haeckel passa le reste de sa vie à compléter le plan qu'il avait esquissé au congrès de Stettin en 1863, car, aussi détaillé que soit le travail auquel il était engagé, il ne perdit jamais de vue le fil d'écoute qui le guidait . labyrinthe de l'évolution de la vie. Il ne s'agit pas ici des études zoologiques sur lesquelles repose solidement sa renommée, mais seulement des vues philosophiques auxquelles elles l'ont conduit. Ses convictions étaient très nettement établies dès son plus jeune âge, et il adopte aujourd'hui essentiellement le même point de vue qu'il y a cinquante ans. Durant cette période, ses efforts ont été de plus en plus orientés vers un public plus large. En 1866, il développa les principes fondamentaux de sa philosophie moniste dans les deux grands volumes de sa « Morphologie générale des organismes ». Cela gagna peu de lecteurs en dehors du cercle des savants et y fut peu accepté. En 1868, il présenta sa théorie de l'évolution sous une forme plus populaire dans « L'histoire naturelle de la création ». Il s'agissait d'une vente inhabituelle pour un livre de ce genre, mais Haeckel était mécontent de voir que le grand public restait indifférent et indifférent aux nouvelles conceptions du monde et de l'homme nées des découvertes de la science moderne. Pire encore, il observa avec inquiétude une vague montante de pensée réactionnaire à la fin du siècle et une domination croissante du pouvoir clérical dans la politique allemande. Il résolut donc de faire un dernier effort pour influencer sa génération, un appel au tribunal de dernier ressort, au César d'aujourd'hui, au peuple. Il a rassemblé sa science et sa philosophie dans un volume de taille modérée, a comblé les interstices avec des *remarques incidentes* et l'a publié en 1899 sous le titre de « L'énigme de l'univers ». Cette fois, il a atteint le but. Le succès du livre fut immédiat et étonnant. Un auteur d'un roman policier ou d'une romance Zenda aurait pu l'envier. Dix mille exemplaires ont été vendus en quelques mois, cent mille en un an, et à cette époque, la vente des éditions allemande et anglaise a sans aucun doute dépassé le cap du demi-million, sans parler des quatorze autres langues dans lesquelles le livre a été publié. été traduit. Comme un livre comme celui-ci a généralement plusieurs lecteurs pour chaque exemplaire, il est probable que ceux qui ont été directement touchés par Haeckel en quinze ans doivent se compter par millions. En outre, bien entendu, la diffusion de ses idées a été encore élargie par un volume similaire, "Les merveilles de la vie", cinq ans plus tard, et par les brochures largement diffusées du Deutscher Monistenbund . *Haeckels einheitliche Weltanschauung* [2] est donc, quoi qu'on en pense, un facteur   HYPERLINK   "https://gutenberg.org/files/48180/48180-h/48180-h.htm" \l "Footnote_2_50" indéniablement important dans la pensée d'aujourd'hui.

Je trouvai le professeur Haeckel peu content de savoir qu'il devait sa réputation populaire à l'une de ses œuvres dont il était le moins fier. Il semblait l'avoir en estime presque aussi légère que ses adversaires et reconnaissait franchement ses défauts de style et de contenu. "Mais, me dit-il en substance, j'avais exposé ma philosophie avec dignité et ordre dans ma "Morphologie générale" plus de trente ans auparavant et personne ne l'a lu. Personne ne la lit maintenant, même lorsqu'ils critiquent mes idées. " Alors , que pouvais-je faire sinon les présenter d'une manière qui attirerait l'attention ? "

Nous devons observer que pour s'assurer cette audience plus large, il n'a eu recours à aucun des expédients ordinaires, tels que pallier des opinions impopulaires, sauter des détails arides et éviter des termes techniques. "L'énigme de l'univers" n'est pas le genre d'écrit que l'on appelle "science populaire" et qui est communément considéré comme nécessaire pour attirer l'attention et atteindre la compréhension du lecteur profane. Haeckel aborde des questions de physiologie, de zoologie , de botanique, de paléontologie et d'astronomie, chacune dans sa propre langue, les faits bruts étant énoncés sans aucun déguisement poétique ni ornement fleuri. Loin d'esquiver les longs mots quand c'est nécessaire, il les invente quand ce n'est pas nécessaire. Peu d'hommes ont fait autant de frappes verbales. Rien que pour ses travaux sur les radiolaires , il dut baptiser plus de trois mille cinq cents espèces nouvelles, chacune portant deux noms. Il n'est donc pas étonnant que lorsqu'il parle de métaphysique et de religion, il ait l'habitude d'inventer son langage au fur et à mesure.

Dans le cas d'autres auteurs de cette série, j'ai dû distiller l'essence de leur philosophie à partir des feuilles de nombreux volumes. J'ai dû tantôt traduire la poésie en prose, tantôt rassembler des suggestions éparses et de faibles allusions en une doctrine cohérente et compacte. Mais dans le cas de Haeckel, ma tâche est facile, car rien de tel n'est nécessaire. Il a lui-même exprimé son point de vue sous une forme succincte et dans un langage très simple. Il prend autant de plaisir dans les croyances et les déclarations dogmatiques que n'importe quel théologien scolastique, et il a la même foi implicite dans les formules capables d'exprimer toutes choses dans le ciel et sur la terre. L'une des raisons pour lesquelles ses conflits avec le clergé ont été si aigus et amers est qu'il a à peu près le même type d'esprit et utilise un langage similaire. D'ordinaire, dans ce qu'on appelle la guerre de religion et de science, les adversaires tournent désespérément les uns autour des autres, comme des étoiles doubles, sans jamais se toucher.

La formulation la plus appropriée de la philosophie de Haeckel pour notre propos est celle qu'il a préparée comme une sorte de confession de foi pour son église laïque, le Monistenbund . Il est ici traduit dans son intégralité et pour la plupart littéralement, bien que sous une forme quelque peu condensée. [3]

LES TRENTE THÈSES DU MONISME

I.—Monisme théorique

1. Philosophie moniste. La conception unitaire du monde repose uniquement sur le fondement solide des connaissances scientifiques acquises par la raison humaine à travers l'expérience critique.

2. Empirisme. Cette connaissance empirique est obtenue en partie par des observations sensorielles sur le monde extérieur et en partie par une réflexion consciente sur notre monde mental interne.

3. Révélation. En opposition à cette théorie moniste de la connaissance se trouve la conception dualiste dominante du monde, selon laquelle les vérités les plus profondes et les plus importantes peuvent être obtenues par révélation surnaturelle ou divine. Toutes ces idées sont dues soit à des dogmes obscurs et non critiques, soit à de pieuses fraudes.

4. Apriorisme. Tout aussi intenable est l'affirmation de la métaphysique kantienne selon laquelle certaines connaissances s'acquièrent *a priori* indépendamment de toute expérience.

5. Monisme cosmologique. Le monde est un tout, un cosmos, régi par des lois fixes.

6. Dualisme cosmologique. L'idée selon laquelle il existe deux mondes, l'un matériel ou naturel et l'autre spirituel ou surnaturel, naît de l'ignorance, d'une pensée trouble et d'une tradition mystique.

7. Biophysique. La biologie n'est qu'une partie de la science physique globale et les êtres vivants sont soumis aux mêmes lois que la matière inorganique.

8. Vitalisme. La soi-disant « force vitale », que certains croient encore diriger et contrôler les processus physiques et chimiques de l'organisme, est tout aussi fictive qu'une « intelligence cosmique ».

9. Genèse. Les êtres organiques comme la nature inorganique ont été développés par un grand processus d'évolution à travers une chaîne ininterrompue de transformations causalement liées. Une partie de ce processus universel d'évolution est directement perceptible ; son début et sa fin nous sont inconnus.

10. Création. L'idée selon laquelle un créateur personnel a créé le monde à partir de rien et a incarné sa pensée créatrice sous la forme d'organismes doit être abandonnée. Un tel créateur anthropomorphe existe aussi peu qu'un « ordre moral mondial » ordonné par lui ou une « providence divine ».

11. Théorie de la descendance. L'anatomie comparée, l'ontogenèse et la paléontologie prouvent que tous les êtres existants sont les descendants transformés d'une longue série d'organismes disparus développés au cours de millions d'années. Cette transformation biogénétique s'établit que l'on l'explique par la sélection, la mutation ou toute autre théorie.

12. Archigonie . Lorsque la croûte terrestre s'est suffisamment refroidie, la vie organique est née par catalyse de composés colloïdaux de carbone et d'azote sous la forme de globules plasmatiques sans structure (Monera) représentés aujourd'hui par les Chromoceæ .

13. Métabolisme Plasmique . Les innombrables formes de vie végétale et animale sont nées de la transformation incessante de la substance vivante dans laquelle les facteurs les plus importants sont les fonctions physiologiques de variation et d'hérédité.

14. Phytogénie . Toutes les plantes et tous les animaux forment un seul arbre généalogique enraciné dans la Monera.

15. Anthropogénie. La place de l'homme dans la nature est désormais parfaitement comprise. Il possède toutes les caractéristiques des vertébrés et des mammifères et s'est développé à partir de cette classe à la fin de la période tertiaire.

16. Théorie pithécoïde . L'homme est le plus proche des singes sans queue, mais ne descend d'aucune des formes existantes. Au contraire, les ancêtres communs de tous les singes anthropoïdes et de l'homme doivent être recherchés dans les espèces éteintes les plus anciennes de singes de l'Ancien Monde (Pithecanthropus).

17. Athanisme . L'âme est constituée de l'ensemble des fonctions cérébrales. Cette âme ou organe de pensée chez l'homme, une certaine zone du cortex cérébral, agit conformément aux mêmes lois psychophysiques que chez les autres mammifères. Cette fonction cesse bien sûr à la mort, il est donc aujourd'hui tout à fait absurde de croire à « l'immortalité personnelle de l'âme ».

18. Indéterminisme. La volonté humaine, comme toutes les autres fonctions du cerveau (sensation, imagination, ratiocination), dépend de l'anatomie de cet organe et est nécessairement déterminée par les caractéristiques héritées et acquises du cerveau individuel. La vieille doctrine du « libre arbitre » apparaît donc intenable et doit céder la place à la doctrine opposée du déterminisme.

19. Dieu. Si par ce terme ambigu on entend un « Être suprême » personnel, un souverain du cosmos qui, à la manière des hommes, pense, aime, génère, gouverne, récompense, punit, etc., un tel Dieu anthropomorphe doit être relégué au rang de le domaine de la fiction mystique, peu importe que ce Dieu personnel soit investi d'une forme humaine ou considéré comme un esprit invisible ou comme un « vertébré gazeux ». Pour la science moderne, l'idée de Dieu n'est défendable que dans la mesure où nous reconnaissons en ce « Dieu » la cause ultime et inconnaissable des choses, l'hypothétique « cause première de la substance » inconsciente.

20. Loi de substance. La loi chimique plus ancienne de la conservation de la matière (Lavoisier, 1789) et la loi physique plus récente de la conservation de l'énergie (Mayer, 1842) furent plus tard (1892) unies par notre monisme en une seule grande loi universelle, car nous reconnaissions la matière . et l'énergie (corps et esprit) comme attributs inséparables de la substance (Spinoza).

II.—Monisme pratique

21. Sociologie. La culture qui a élevé la race humaine au-dessus des autres animaux et lui a donné la domination sur la terre dépend de la coopération rationnelle des hommes dans la société avec une division approfondie du travail et de l'interdépendance mutuelle des classes laborieuses. Les fondements biologiques de la société sont déjà perceptibles chez les animaux

grégaires (notamment les primates). Leurs troupeaux et groupes sont maintenus ensemble par l'instinct social (habitudes héréditaires).

22. Constitution et lois. L'organisation rationnelle de la société et sa régulation par des lois peuvent être obtenues par diverses formes de gouvernement, dont l'objectif principal est une nomocratie juste, l'établissement d'un pouvoir laïc fondé sur la justice. Les lois qui limitent la liberté du citoyen pour le bien de la société devraient être fondées uniquement sur l'application nationale des sciences naturelles, et non sur une vénérable tradition (habitudes héritées).

23. Église et credo. D'un autre côté, tous les moyens doivent être utilisés pour combattre la hiérarchie qui enveloppe le pouvoir laïc d'un manteau spirituel et utilise la crédulité des masses ignorantes pour poursuivre ses objectifs égoïstes. L'obligation confessionnelle comme forme particulière de superstition est particulièrement à attaquer, puisqu'elle ne sert qu'à évoquer la distinction entre celles d'autres croyances. La séparation souhaitable de l'Église et de l'État doit être réalisée de telle manière que l'État laisse également libres toutes les formes de croyance tout en limitant leurs empiétements pratiques. Le pouvoir spirituel (théocratie) doit toujours être subordonné au gouvernement laïc (nomocratie).

24. Papistique. La hiérarchie la plus forte qui exerce aujourd'hui une domination spirituelle sur la plus grande partie du monde civilisé est le papisme ou l'ultramontanisme. Bien que cette puissante organisation politique soit en contradiction flagrante avec la forme pure originelle du christianisme et utilise à tort ses insignes pour obtenir le pouvoir, elle trouve néanmoins un fort soutien même auprès de ses adversaires naturels, les princes laïcs. Dans l'inévitable Kulturkampf contre le papisme, il faut avant tout abroger par la loi ses trois plus forts soutiens, le célibat du clergé, la confession auriculaire et la vente des indulgences. Ces trois institutions dangereuses et immorales de l'Église néo-catholique sont étrangères au christianisme originel. De même , le renforcement des superstitions dangereuses pour la société à travers le culte des miracles (Lourdes, Marpingen) et des reliques (Aix la Chapelle, Trèves) doit être empêché par la loi.

25. Religion moniste. Si nous entendons par religion non pas un culte superstitieux et une croyance irrationnelle, mais l'élévation de l'esprit à travers les dons les plus nobles de l'art et de la science, alors le monisme forme un « lien entre la religion et la science » (1892). Les trois idéaux de cette religion moniste rationnelle sont la vérité, la vertu et la beauté. Dans tous les États civilisés, il est du devoir des représentants du peuple de veiller à ce que la religion moniste soit officiellement reconnue et à ce que ses droits égaux à ceux des autres confessions soient assurés.

26. Éthique moniste. L'éthique rationnelle qui fait partie de cette religion moniste dérive, selon notre théorie moderne de l'évolution, des instincts sociaux des animaux supérieurs, et non d'un « impératif catégorique » dogmatique (Kant). Comme tous les animaux grégaires supérieurs, l'homme s'efforce d'atteindre l'équilibre naturel entre les deux obligations différentes, l'ordre de l'égoïsme et l'ordre de l'altruisme. Le principe éthique de la « Règle d'or » a exprimé cette double obligation il y a deux mille cinq cents ans dans la maxime : « Faites aux autres ce que vous voudriez qu'ils vous fassent ».

27. Écoles monistes. Dans la plupart des pays civilisés, et particulièrement en Allemagne, l'instruction de la jeunesse dans les classes supérieures et inférieures est encore largement soumise à des entraves que la tradition scolastique du Moyen Âge a conservées jusqu'à nos jours. Seule la séparation complète de l'Église et de l'école peut briser ces chaînes. L'enseignement religieux confessionnel ou dogmatique dominant doit être remplacé par une histoire religieuse comparée et une éthique moniste. L'influence du clergé de toute confession doit être supprimée de l'école. L'inévitable réforme scolaire doit être accomplie sur la base des sciences naturelles modernes. La plus grande partie de l'éducation devrait être consacrée, non pas à l'étude de la langue classique et de l'histoire, mais aux diverses branches des sciences naturelles, notamment à l'anthropologie et à l'évolution.

28. Éducation moniste. Puisque le bon développement de l'âme (en tant que fonction du cortex cérébral) est étroitement lié à celui du reste de l'organisme, l'éducation moniste de la jeunesse, libérée des enseignements dogmatiques de l'Église, doit s'efforcer d'édifier l'âme et le corps. également dès la plus tendre jeunesse. La gymnastique quotidienne, les bains et les exercices, les promenades et les visites doivent développer et renforcer l'organisme dès la petite jeunesse. L'observation et l'amour de la nature seront ainsi éveillés et intensifiés. Grâce aux bibliothèques publiques, aux écoles de perfectionnement et aux conférences monistes populaires, les plus avancés recevront une nourriture mentale.

29. Culture moniste. L'admirable hauteur de culture qu'a atteinte l'humanité au XIXe siècle, les progrès étonnants de la science et ses applications pratiques dans la technologie, l'industrie, la médecine, etc., permettent d'espérer un développement culturel encore plus grand au XXe siècle. Ce progrès souhaitable ne sera cependant possible que si les sentiers battus des dogmes traditionnels et de la superstition cléricale sont abandonnés et qu'une connaissance rationnelle et moniste de la nature parvient à la maîtrise.

30. Le Monistenbund . Afin de diffuser la théorie unitaire naturelle de l'univers dans les cercles les plus larges et de réaliser pratiquement les fruits bénéfiques du monisme théorique, il est souhaitable que tous les efforts dans cette direction trouvent un point d'application commun à travers la fondation

de sociétés monistes individuelles. Dans cette association moniste universelle trouvent leur place non seulement tous les libres penseurs et tous les adeptes de la philosophie moniste, mais aussi les congrégations libres, les sociétés éthiques et les associations religieuses libres, etc., qui reconnaissent la raison pure comme la seule règle de leur pensée et de leur action et pas de croyance aux dogmes traditionnels et aux prétendues révélations.

Il existe une forte ressemblance formelle entre ce credo de la religion moniste et les credo qui ont été formulés par de nombreuses autres religions dans l'histoire du monde ; la même juxtaposition de cosmogonie et d'éthique sans aucun lien apparent ; le même mélange du fondamental et du trivial, du permanent et de l'éphémère ; la même affirmation d'objectifs idéalistes mêlée à des attaques contre ce que l'on suppose être les croyances de l'opposition.

Mon objectif dans ce livre n'est pas de critiquer les points de vue que je présente ou d'imposer mes opinions personnelles, c'est pourquoi je ne discuterai pas de cette confession de foi moniste, sauf pour souligner le contraste frappant entre les sections théoriques et pratiques de la déclaration. Le second n'est en aucun cas une déduction du premier, et leur caractère est si différent qu'il donne l'effet d'un déception. Les principes fondamentaux de Haeckel sont audacieux et révolutionnaires. Ses conclusions pratiques sont timides et conventionnelles. Ce serait une réunion de professeurs ennuyeuse qui ne ferait pas ressortir de points de vue plus hérétiques sur l'éducation que ceux exprimés par Haeckel. Pourquoi est-il nécessaire de prendre d'assaut les remparts du ciel et de créer une nouvelle terre pour rendre le grec facultatif et inciter les étudiants à prendre des bains et à se promener ? [4] N'importe quelle session de l'American Sociological Society fera ressortir plus de suggestions pour la réorganisation radicale de la société de la part de professeurs en règle et réguliers qu'on n'en trouve dans tous les travaux de Haeckel. Il semble aveugle à ce qui nous apparaîtrait comme les maux flagrants de son pays, le fardeau du militarisme, l'oppression du gouvernement, le conflit des classes, le monopole de la terre, l'injustice du rang héréditaire, la superstition de la royauté, etc. . S'il aborde ces sujets, c'est avec douceur et prudence. Sa gratitude envers le Grand-Duc qui a eu la gentillesse de le laisser tranquille s'exprime dans un langage qui semble flagorneur aux oreilles américaines. Toute sa fureur est dirigée contre l'Église, tant protestante que catholique, et pourtant il est resté jusqu'à l'âge de soixante-dix-sept ans membre de l'Église luthérienne orthodoxe. Bien entendu, être radical dans sa pensée et conventionnel dans sa pratique n'est pas le propre de Haeckel. C'est commun à la plupart des penseurs, mais c'est particulièrement frappant dans son cas.

Les réformes qu'il préconise dans les mœurs sociales sont pour la plupart très modérées. Lui-même ne fume pas et il trouve que les étudiants allemands consacrent trop d'attention à la bière et aux duels. C'est raisonnable mais pas surprenant. Il déclame contre la tyrannie de la mode et dénonce les corsets comme nocifs pour la santé. [5] Mais sur ce point, la plupart des hommes et un grand nombre de femmes seraient d'accord avec lui. Il affirme que le mariage n'est pas un sacrement, mais un contrat civil, et qu'en tant que tel il peut être dissous [6]. C'est une doctrine commune à l'hébreu et au puritain. L'un des principaux objectifs de la fondation du Monistenbund était d'imposer la séparation de l'Église et de l'État et la laïcisation des écoles. Cela semble si manifestement juste et souhaitable qu'il nous est difficile de comprendre pour quelles raisons il convient de s'y opposer. Et quant aux exigences exprimées dans l'article 25, il nous est presque inconcevable qu'un gouvernement puisse refuser à un homme le droit de se déclarer moniste, au lieu de luthérien ou hébreu, s'il le souhaite.

Dans notre propre pays libre, n'importe qui peut fonder sa propre église s'il trouve des disciples, et s'il préfère n'appartenir à aucune église, ce n'est l'affaire de personne d'autre que la sienne. Ce n'est pas le cas en Allemagne, où un homme doit à chaque instant donner sa religion, son âge et sa profession. Même s'il ne demande rien d'autre qu'un permis de construire ou une réduction sur son billet de chemin de fer, il est appelé à faire une confession de foi. Et ce doit être l'une des rares religions officiellement reconnues par l'État ; aucune des « religions fantaisistes » ne réussira. Un homme qui se déclare non membre d'une église établie, *konfessionslos*, est considéré avec suspicion comme une sorte de hors-la-loi. Dans ces circonstances, bien entendu, une grande partie des fidèles des églises d'État n'assistent jamais aux offices et n'ont aucune croyance dans la croyance qu'ils professent.

Il se passe actuellement en Allemagne ce qu'on pourrait appeler un « réveil antichrétien ». De longues réunions ont lieu dans les villes, au cours desquelles les missionnaires monistes exhortent les gens à quitter l'Église et, à la fin, les convertis sont appelés à se lever et à être pris en compte. En 1913, au cours d'une campagne éclair à Berlin au moment de Noël, seize réunions furent tenues et rassemblèrent treize mille personnes, dont deux mille trois cent quarante-trois annoncèrent leur intention de se séparer formellement des églises dont elles sont nominalement membres. . Les Monistes locaux, les congrégations indépendantes et les sociétés libres-penseurs ont uni leurs forces sous la direction d'un *Komitee central. Confessionslos* . Curieusement, le parti social-démocrate, qui à ses débuts était si farouchement anticlérical, se tient à l'écart du mouvement et semble le considérer avec défaveur.

Ce *Kirchenaustrittsbewegung*, ou mouvement de sortie de l'Église, a pour objectif de réaliser la séparation complète de l'Église et de l'État et d'assurer à l'individu la liberté de choix religieux. Cela n'indique donc pas une augmentation aussi importante de l'irréligion qu'il y paraît à première vue. Elle tendra au contraire à réduire le pourcentage d'hypocrisie et à permettre l'essor de nouvelles formes d'association religieuse mieux adaptées à l'époque que les églises établies. Cela a déjà stimulé un réflexe utile. Le « dimanche de fréquentation de l'église » a été introduit d'Amérique et les églises d'État montrent plus de signes de vie qu'elles ne l'ont été depuis longtemps.

Ce serait évidemment une injustice envers Haeckel que de supposer que, parce que les réformes pratiques qu'il préconise nous paraissent banales et timides, elles ne nécessitent pas à la fois de perspicacité et de courage en Allemagne. Le fait est que l'Allemagne, si avancée qu'elle soit intellectuellement, est encore médiévale dans son gouvernement et dans ses usages. Si, par exemple, un ecclésiastique allemand visitait ce pays et séjournait chez un ministre américain, ce dernier serait probablement affligé par les opinions du visiteur sur l'inerrance des Écritures et la valeur de la bière, tandis que, sur d'un autre côté, l'Allemand serait tout aussi choqué d'entendre son révérend ami prôner les écoles laïques et ridiculiser le droit divin des rois.

Haeckel reprend pratiquement intacts les principes fondamentaux de l'éthique chrétienne, faisant de la Règle d'or la base de son système, tout en refusant de manière caractéristique d'en attribuer le mérite à Jésus en affirmant qu'elle avait une « origine polyphylétique ». Il en attaque certes certaines formes extrêmes, l'ascétisme, la dépréciation de la vie familiale, le sacrifice absolu de soi, etc., mais il adopte en substance les normes morales que les hommes chrétiens de son temps et de son milieu professent et s'efforcent de pratiquer. Je ne dis pas qu'il a tort d'emprunter l'éthique au christianisme. Je ne pense pas qu'il puisse faire mieux. Mais il aurait rendu un grand service au monde si, au lieu d'adopter un système éthique tout fait, il l'avait élaboré à partir de son principe fondamental d'évolution, comme Spencer, Drummond et Kropotkine ont essayé de le faire. Si, ce faisant, il était arrivé aux mêmes conclusions que les moralistes chrétiens, son aide aurait été inestimable à l'heure actuelle, alors que, presque pour la première fois, on attaque moins la théologie que l'éthique du christianisme. , et cela aussi au nom de la science. L'air est rempli de questions qui se posent dans le domaine particulier de Haeckel. Par exemple, Nietzsche a-t-il raison de prêcher un égoïsme impitoyable comme la leçon logique de l'évolution ? Ou est-il vrai, comme beaucoup le disent maintenant, que la préservation et la protection des faibles de corps et d'esprit conduisent nécessairement à la dégénérescence de la race ? Dans les références fortuites qu'il fait à ces questions [7] , il condamne Nietzsche, mais prône l'euthanasie pour les malades désespérés, tirant la première conclusion de sa « propre opinion personnelle » et la seconde de la « raison pure ». En tant que points de vue individuels d'un évolutionniste, ceux-ci sont intéressants et même précieux, mais ils peuvent difficilement être considérés comme des principes établis de la science de l'éthique évolutionniste.

La politique de Haeckel peut se résumer en disant qu'il est anticlérical et pas grand-chose d'autre. Il se soucie peu de la forme du gouvernement ou des conditions économiques, les considérant en fait comme des questions relativement sans importance.

Les mouvements monistes et socialistes en Allemagne sont étroitement associés, mais principalement, me semble-t-il, parce que les deux sont anticléricaux plutôt que parce que la philosophie évolutionniste conduit nécessairement soit à la démocratie, soit au socialisme. De nombreux sociaux-démocrates se disent monistes, et il ne fait aucun doute qu'une grande partie de ce parti serait d'accord avec Haeckel en matière de religion. Mais d'un autre côté, ils ne peuvent tirer que peu ou pas de soutien pour leurs doctrines de la littérature moniste. Haeckel exprime son opinion avec sa franchise habituelle dans une contribution au magazine de Maximilian Harden, qui se termine par ces mots :

Je ne suis certainement pas un ami de M. Bebel, qui m'a attaqué à plusieurs reprises et, entre autres choses, m'a calomnié dans son livre sur la Femme. En outre, je considère que les objectifs utopiques de la social-démocratie officielle sont irréalisables et que son futur idéal est un grand atelier. Cela ne peut cependant m'empêcher de reconnaître le noyau de justice dans le grand mouvement social. Seul celui qui ne connaît ni l'histoire ni l'histoire naturelle de l'humanité peut croire *que* cela peut être surmonté par les actes répressifs du conseil de Berlin, par le pouvoir de la police et des procureurs. 18. Cité dans l'introduction de " Freie Wissenschaft et libre Lehre ", p. 9.

L'immense popularité de « L'énigme de l'univers » s'explique, je pense, en grande partie par la personnalité de l'auteur. L'homme derrière l'arme était ce qui lui donnait du pouvoir. Je ne veux pas dire que l'accueil réservé au livre était dû à la réputation de Haeckel en tant que zoologiste . Le monde extérieur en sait peu et se soucie peu de la réputation scientifique. C'est plutôt que le livre révélait un homme extrêmement sérieux, qui avait pris sa décision sur des questions d'intérêt vital pour tous et qui disait ce qu'il pensait dans le langage le plus clair et le plus catégorique, sans se soucier des sentiments de qui il blessait. « L'énigme de l'univers » et « Les merveilles de la vie » sont, me semble-t-il, des contributions plus précieuses à la psychologie du génie qu'à la philosophie. L'intérêt personnel qu'il a suscité est attesté par les milliers de lettres qu'il a reçues et qu'il reçoit encore à propos de ces livres, allant du ton chaleureusement sympathique au furieusement antagoniste. Il y a des années, il a dû renoncer à y répondre autrement que par un formulaire imprimé.

Peu de livres ont suscité autant de controverses passionnées. Des centaines de critiques et de réponses ont été publiées, et de nouvelles apparaissent encore fréquemment, quinze ans après. Le livre était destiné à attirer le feu de l'ennemi, le cléricalisme, et il l'a fait. La philosophie de la chaire ne l'a pas non plus accueillie plus favorablement. Il suffira sur ce point de citer la critique acerbe du professeur Friedrich Paulsen, de l'Université de Berlin, dont le monisme idéaliste entre en contact direct avec le monisme matérialiste de Haeckel :

"J'ai lu ce livre avec une honte brûlante pour l'état de la culture générale et de la culture philosophique de notre peuple. Qu'un tel livre était possible, qu'il puisse être écrit, imprimé, vendu, lu, admiré, cru par un peuple qui prétend un Kant, un Goethe, un Schopenhauer, c'est douloureux."

C'est une des curiosités controversées que l'Église se retrouve souvent à défendre avec désespoir, non pas ses propres positions, mais certaines des vieilles redoutes abandonnées de la Science . Ce fut en grande partie le cas dans la controverse sur l'évolution. La véritable « origine des espèces » se trouvait dans l'esprit scientifique. C'est la science qui a découvert que toutes les formes multiples de la vie végétale et animale pouvaient être classées en types distincts, qui, comme elle l'a trop hâtivement supposé, étaient absolument séparés et fixes. Plus tard, lorsque la Science vint réviser ce point de vue, elle découvrit que l'immuabilité des espèces était devenue entre-temps, d'une manière ou d'une autre, un dogme théologique, défendu avec zèle par des curés incapables de distinguer une espèce d'un genre.

Il en était de même pour la théorie de la génération spontanée ou de la production d'êtres vivants à partir de matière non vivante. C'était autrefois une bonne doctrine chrétienne, acceptée par saint Augustin et enseignée par les scolastiques médiévaux, et lorsqu'en 1674 le médecin italien Francisco Redi montra que les vers qui apparaissaient dans la matière morte provenaient d'œufs, il fut persécuté pour incrédulité. Mais on prétendait encore que des formes vivantes microscopiques pouvaient surgir spontanément dans le bouillon et les infusions de foin jusqu'à ce que Pasteur prouve que c'était faux, car dans des tubes scellés et stérilisés aucune trace de vie n'apparaît. De telles expériences négatives ne sont évidemment pas suffisantes pour prouver qu'à un moment donné et dans d'autres conditions, la vie ne pourrait pas être produite à partir du non-vivant. Pourtant, curieusement, les opposants théologiques de Haeckel ont volontairement adopté cette position intenable et lui ont fait la guerre, notamment en raison de sa conviction que lorsque la croûte terrestre se refroidissait, les composés de l'acide cyanique se transformaient en globules d'albumine, à partir desquels se développaient des organismes unicellulaires.

La seule hypothèse alternative qui a été avancée est celle défendue par Arrhenius, selon laquelle les germes de vie auraient pu être apportés d'une autre planète dans des météorites ou flotter librement dans l'espace et propulsés par l'énergie rayonnante. Cela n'est apparemment pas impossible, mais cela semble une hypothèse très violente, beaucoup plus difficile à accepter que l'autre, celle de l'abiogenèse. Car le mur entre l'organique et l'inorganique a été complètement détruit, et celui entre le vivant et le non-vivant est creusé des deux côtés. D'une part, nous avons pu construire artificiellement des molécules organiques aussi complexes que le sucre et les protéines. D'autre part, il a été trouvé possible de produire dans des solutions siliceuses et métalliques des cellules mimiques qui grandissent, se déplacent, produisent des pseudopodes, sélectionnent leur nourriture, se propagent par fission et prennent de nombreuses formes caractéristiques de la vie végétale et animale. Dans plus d'un laboratoire, des expériences sur la génération de la vie sont encore, espérons-le, en cours et l'annonce de leur succès à tout moment n'étonnerait pas les biologistes en général. Mais même si l'abiogenèse devait rester à jamais impossible en tant qu'expérience de laboratoire, elle ne serait pas intenable en tant qu'hypothèse sur l'origine de la vie dans les conditions exceptionnelles d'une étape antérieure de l'histoire du monde. Une telle supposition, qu'elle soit vraie ou non, n'est pas plus irréligieuse que la reconnaissance du fait que la matière non vivante est continuellement transformée en matière vivante dans notre propre corps.

Le volume invitait à l'attaque parce qu'il était non seulement intentionnellement provocateur, mais involontairement vulnérable. Il n'est pas nécessaire d'être très érudit pour y découvrir des erreurs occasionnelles ainsi que de nombreuses affirmations extravagantes et discutables. Le fait que peu de gens pouvaient traiter d'un aussi large éventail de sujets sans commettre plus d'erreurs que Haeckel ne le protégeait bien sûr pas des critiques. Huxley, qui aimait autant croiser le fer avec le clergé que Haeckel, était plus prudent pour se protéger des contre-attaques. Si une discussion sur la démonologie conduisait inopinément à la question du statut exact du district de Gadara dans l'Empire romain, il était prêt à rencontrer ses adversaires sur ce terrain ainsi qu'en biologie. Ce n'est pas le cas de Haeckel. Il s'inspire de l'histoire de son Église auprès de pamphlétaires infidèles [8] et caricature imprudemment les croyances chrétiennes. En attaquant le dogme de l'Immaculée Conception de Marie, il le confond avec celui de la naissance virginale du Christ, et en même temps il utilise un langage inutilement offensant pour ceux qui considèrent la Mère de Jésus avec adoration. [9]

Une accusation plus grave que l'ignorance de l'histoire ecclésiastique fut plus tard portée contre Haeckel par le docteur Brass, à savoir qu'il avait fabriqué des preuves à l'appui de sa théorie de l'évolution en falsifiant ses dessins d'embryons, qu'il avait, entre autres choses, enlevé des vertèbres . de la queue d'un embryon de singe et avait allongé la colonne vertébrale d'un embryon humain afin de renforcer la ressemblance. Puisque l'exactitude est l'âme de la science, c'est aussi grave que ce serait, par exemple, accuser un ministre de prêcher des miracles alors qu'il n'y croit pas. Dans sa réponse, Haeckel a reconnu

qu'une petite partie de mes nombreuses photos d'embryons (peut-être six ou huit pour cent) sont en réalité « falsifiées » (au sens du docteur Brass), toutes celles en fait dans lesquelles le matériel d'observation disponible était si incomplet ou insatisfaisant qu'on a été contraint de combler les lacunes par des hypothèses et de reconstruire les membres manquants par synthèse comparative afin de produire une chaîne d'évolution connectée.

Haeckel nie catégoriquement toute tromperie ou fausse déclaration et attire l'attention sur le fait que de tels dessins schématiques et reconstitués sont communs à tous les travaux physiologiques et sont nécessaires pour faire ressortir les points souhaités. Quant à savoir si Haeckel a transgressé les limites admissibles d'une telle schématisation du matériel , je ne suis pas compétent pour en décider. Trente-six hommes de science allemands ont signé une condamnation de Haeckel ; quarante-sept hommes de science allemands, « bien qu'ils n'aimaient pas le genre de schématisation que Haeckel pratiquait dans certains cas », ont signé une condamnation de Brass et du Keplerbund . Les chiffres n'ont aucune signification, puisque les majorités ne décident jamais de rien, sauf de l'équilibre des opinions, mais le groupe qui se tenait aux côtés de Haeckel comprenait plus d'embryologistes et de zoologistes que l'autre.

J'écarterai donc le sujet en citant l'opinion d'un biologiste et évolutionniste qui apprécie pleinement les contributions de Haeckel à la science. Le professeur VL Kellogg, de l'Université de Stanford, dans sa revue de "l'évolution de l'homme" en *science* , déclare :

"Les biologistes seront probablement partagés quant à l'opportunité de remettre "L'évolution de l'homme" de Haeckel entre les mains du lecteur profane en tant que guide et conseiller sur ce sujet le plus important des sujets de l'évolution. Haeckel est un tel prosélyte, un tel moqueur et combattant de ceux qui ne sont pas d'accord avec lui, cette "exposé clair et sans fioritures des faits et cette description des choses telles qu'elles sont ne peuvent être recherchées dans ses livres. Ou, si on les cherche, elles ne peuvent pas être trouvées. Mais cet empressement même à convaincre; ce soulèvement d'une thèse, ce combat pour la phylogénie haeckélienne et le monisme haeckélien, tout cela suscite l'intérêt et la vie dans ses écrits.

Toute cette affaire est une illustration frappante de l'observation de Huxley selon laquelle une controverse montre toujours une fâcheuse tendance à glisser de la question de savoir ce qui est juste à la question relativement sans importance de savoir qui a raison. Les critiques de Haeckel ont rarement tenté de contester son travail scientifique et ne seraient en fait, dans la plupart des cas, pas compétents pour en discuter. Même s'il était coupable de toutes les erreurs alléguées, cela n'affecterait pas sensiblement ses conclusions scientifiques.

En constatant les défauts de Haeckel, nous risquons de méconnaître le merveilleux génie constructif de cet homme ; l'imagination créatrice qui caractérise le grand scientifique encore plus que le grand poète. C'est ce don qui lui permit de discerner dans une poignée de bave déterrée par le *Challenger* des profondeurs de la mer un système ordonné d'êtres vivants dans lequel chaque squelette microscopique de silice trouvait sa niche naturelle. C'est ce pouvoir qui lui a permis de contribuer si largement à la transformation de la zoologie d'une science purement observatrice et descriptive, comme elle l'était au début de ses travaux, à une science rationnelle, expérimentale et prophétique, comme elle l'était lorsqu'il les a terminés. . De même que Cuvier, à partir de quelques morceaux d'os, pouvait construire un animal entier, de même Haeckel, à partir d'espèces dispersées, s'est aventuré à construire, dès 1865, un arbre généalogique incluant toutes les formes vivantes, depuis la monère jusqu'à l' homme . Il est défectueux du point de vue de nos connaissances actuelles, mais il doit pourtant forcer notre admiration en raison de la perspicacité dont il a fait preuve dans la perception des relations naturelles et de l'habileté avec laquelle il a comblé les lacunes de sa chaîne vivante par des formes hypothétiques. De même que le grand chimiste russe Mendeléef était capable de décrire à l'avance des éléments alors inconnus, mais qui furent découverts plus tard et trouvés adaptés aux places vacantes qu'il leur avait assignées dans sa loi périodique, de même les anticipations de Haeckel ont été dans de nombreux cas confirmées par science ultérieure. C'était sa chance de pouvoir tenir dans sa main la calotte et le fémur du « chaînon manquant » qui avait été pendant des années la plaisanterie des anti-évolutionnistes. L' homme singe , ou Pithécanthrope, qu'il fit décrire et nommer en 1885, fut découvert en 1894 par Dubois à Java. L'esprit de Haeckel est tellement tendu qu'il saute par-dessus les brèches lors d'une démonstration comme un courant de dix mille volts.

Son récit de la manière dont il a été amené à douter du dogme de l'immuabilité des espèces doit être cité car il illustre parfaitement la sagesse de l'adage de laboratoire : « Étudiez les exceptions. Elles prouvent une autre règle ».

Le problème de la constance ou de la transmutation des espèces m'a saisi avec un vif intérêt, lorsque, il y a vingt ans, alors que j'avais douze ans, je faisais un effort résolu mais infructueux pour déterminer et distinguer les "bonnes et mauvaises espèces" de mûres. saules, roses et chardons. Je repense maintenant avec une tendre satisfaction à l'inquiétude et au scepticisme douloureux qui ont agité mon esprit de jeunesse alors que j'hésitais (à la manière de la plupart des « bons classificateurs », comme nous les appelions) sur l'opportunité d'admettre uniquement de « bons » spécimens dans mon herbier. et rejeter les « mauvaises », ou bien embrasser ces dernières et former une chaîne complète de formes de transition entre les « bonnes espèces » qui mettrait fin à toute leur « bonté ». Je m'en suis sorti à l'époque par un compromis que je peux recommander à tous les classificateurs. J'ai fait deux collections. L'une, disposée selon des lignes officielles, offrait à l'observateur sympathique toutes les espèces, en spécimens « typiques », sous des formes radicalement distinctes, chacune affublée de sa jolie étiquette ; l'autre était une collection privée, montrée seulement à un ami de confiance, et ne contenait que les espèces rejetées que Goethe appelait si heureusement « les races sans caractère ou désordonnées, qu'on ose à peine attribuer à une espèce, car elles se perdent dans des variétés infinies ». tels que rubus , salix , verbascum , hieracium, rosa, cirsium , etc. Dans celui-ci, un grand nombre de spécimens, disposés en une longue série, illustraient le passage direct d'une bonne espèce à une autre. C'étaient les fruits officiellement défendus de la connaissance, dans lesquels je prenais un secret plaisir d'enfant pendant mes heures de loisir . — La "Vie de Haeckel" de Bölsche , p. 38.

Ernst Heinrich Philipp August Haeckel, pour lui donner pour une fois son nom de baptême complet, est né à Potsdam, le 16 février 1834. Il a un double héritage de talent, car les Haeckel et les Sethe, la famille de sa mère, ont apporté des noms éminents. à l'histoire allemande, et les deux familles se sont mariées plus d'une fois. Il est curieux que Gustav Freytag, dans sa série des « Tableaux du passé allemand », ait choisi pour ses hommes représentatifs du XIXe siècle deux des ancêtres de Haeckel : le père de sa mère, Christopher Sethe, conseiller privé et défenseur de la Prusse . contre Napoléon, et son père, Karl Haeckel, conseiller d'Etat.

Mais Ernst n'a pas suivi la tradition familiale et n'a pas eu recours à la justice. Il montra un penchant indéniable pour les sciences naturelles et, comme profession de compromis, son père le fit suivre une formation de médecin. Il suivit des cours de médecine et, conformément aux souhaits de son père, consentit à exercer la profession pendant un an pour voir s'il pouvait y réussir. Au cours de l'année, seuls trois patients sont venus le voir, peut-être parce que Haeckel, pour avoir du temps pour ses recherches biologiques, avait fixé ses heures de consultation entre cinq et six heures du matin. Son père renonça alors à faire de lui un médecin et lui permit d'aller à Messine en 1859 pour étudier les animaux marins. Haeckel s'est immédiatement fiancé à sa cousine Anna Sethe et dès qu'il a obtenu son rendez-vous à Iéna, il l'a épousée. Leur bonheur fut bref. Deux ans plus tard, elle mourut, laissant Haeckel, alors trentenaire, si frappé qu'il sentait qu'il ne pourrait pas survivre longtemps au coup, alors il se plongea avec une hâte fébrile dans la préparation de sa "Morphologie Générale" pour laisser au monde sa science. et la philosophie sous une forme systématique. Il fut écrit et imprimé, deux gros volumes de plus de mille deux cents pages, en moins d'un an, pendant lequel Haeckel vécut comme un ermite, travaillant toute la journée et la moitié de la nuit, dormant à peine trois ou quatre heures sur vingt. -quatre.

Haeckel a immortalisé sa femme en lui offrant un monument vivant au lieu d'un monument en marbre ou en laiton. Il donna son nom à l'une de ses méduses bien-aimées , une méduse féerique, dont la masse de longs tentacules traînants lui rappelait les cheveux blonds de sa femme. La Mitrocome Ann ? est décrit dans sa « Monographie sur les Méduses », publiée en 1864, et une note précise qu'il a été ainsi nommé [10]

à la mémoire de ma chère épouse, Anna Sethe . S'il m'est donné de faire quelque chose au cours de mon pèlerinage terrestre pour la science et l'humanité, je le dois en grande partie à l'influence bienheureuse de ma talentueuse épouse, qui m'a été arrachée par une mort prématurée en 1864.

Trois ans plus tard, il épousa de nouveau Agnès Huschke, fille d'un anatomiste d'Iéna. Ils ont trois enfants, deux filles et un fils, qui a hérité du talent artistique de son père et s'est consacré à l'art à Munich.

esthétique de Haeckel se manifeste non seulement dans les milliers de peintures et de dessins qui remplissent ses monographies, mais surtout dans ses « Formes d'art de la nature », qui se composent de dix portfolios de grandes planches en couleurs représentant d'étranges et belles créatures de tous les domaines de la vie animale. mais particulièrement dans les formes inférieures peu connues, les poissons, les crustacés, les coraux, les radiolaires , les diatomées et les desmides. On y voit de véritables gargouilles, plus grotesques que ce que l'imagination seule d'un sculpteur peut créer. Ici, le designer et le décorateur peuvent trouver des centaines de thèmes suggestifs pour presque tous les usages, ils n'ont donc aucune excuse pour répéter comme ils le font les formes banales et traditionnelles.

Une grande partie de ces "formes d'art" que Haeckel a découvertes au cours de ses recherches sur la vie sous-marine sur les matériaux rassemblés par le *Challenger*, chargé par le gouvernement britannique en 1872-1875 d'explorer l'océan. Les résultats de cette expédition, publiés en cinquante gros volumes, constituèrent la plus grande contribution à l'océanographie qui ait jamais été apportée. Haeckel a contribué aux volumes sur les méduses , les siphonophores , les kératoses et les radiolaires . Aux radiolaires , Haeckel a consacré dix années, 1877-1887, et a décrit 4318 espèces et 739 genres, à partir des squelettes siliceux curieusement compliqués déposés au fond de l'océan par ces minuscules créatures unicellulaires.

Bien que la vie de Haeckel ait été en grande partie consacrée à l'étude la plus minutieuse des formes de vie les plus infimes, il n'a jamais perdu de vue les aspects plus larges de sa science. Il semble qu'il ait ressenti le besoin de reposer ses yeux en les levant du microscope et en regardant par la fenêtre pour se concentrer sur l'infini. Haeckel est essentiellement un spécialiste ayant un penchant pour la généralisation. Il se félicite du changement de courant de pensée qui s'est produit à la fin du XIXe siècle, de l'effort du nouveau siècle pour saisir le sens intérieur de la masse de faits divers que le vieux siècle avait accumulés. C'est avec l'intention de contribuer à ce mouvement qu'il réalise, à l'âge de soixante-cinq ans, son "Énigme de l'Univers", entendant que ce soit l'expression finale de sa vision du monde, une esquisse fragmentaire au lieu de l'intégralité "Système de philosophie moniste" qu'il avait projeté il y a de nombreuses années et qu'il ne pouvait espérer achever maintenant. Mais cinq ans plus tard, il complète ce livre par un ouvrage populaire similaire, « Les merveilles de la vie », dans lequel il répond à certaines critiques et explique les principes biologiques sur lesquels repose sa philosophie. Contrairement à "l'Énigme", celui-ci n'a pas été composé à des intervalles variés au cours de nombreuses années, mais a été écrit sans interruption pendant quatre mois passés à Rapallo, sur la Riviera italienne, alors qu'il était

stimulé par la vue constante de la Méditerranée bleue, dont les innombrables habitants avaient fourni, pendant cinquante ans, une matière si abondante à mes études biologiques ; et mes promenades solitaires dans les gorges sauvages des Apennins ligures et le spectacle émouvant de ses autels couronnés de forêts m'ont inspiré le sentiment de l'unité de la nature vivante, sentiment qui ne s'efface que trop facilement dans l'étude des détails du paysage. laboratoire.

Le professeur Haeckel a pris sa retraite du service actif en tant qu'enseignant et enquêteur en 1909, à l'âge de soixante-quinze ans. « En effet , je suis entièrement un enfant du XIXe siècle et, avec sa fin, je mets un terme à l'œuvre de ma vie », a-t-il déclaré, et la publication des « Merveilles de la vie » en 1904 confirme plutôt qu'elle ne contredit cette affirmation, car elle montre que il maintient sa position totalement inébranlable face à la révolution qui s'est produite dans la pensée philosophique. Comme Herbert Spencer, il a vécu assez longtemps pour constater une réaction contre bon nombre des opinions pour lesquelles il s'est battu avec le plus d'acharnement.

Le XIXe siècle était sûr de tant de choses dont le XXe siècle doute. Nous ne sommes pas si sûrs que, comme le dit Haeckel, tout puisse se réduire au mouvement des atomes. L'atome lui-même s'effondre, et quant au mouvement, qu'est-ce que c'est ? L'éther dans la réalité auquel Haeckel accorde une confiance implicite est pour nous une hypothèse douteuse, peut-être inutile. Le vitalisme et la téléologie reviennent dans la biologie sous de nouvelles formes. C'est le pluralisme, et non le monisme, qui est à la mode, et certains le poussent presque jusqu'au polythéisme. L'indéterminisme trouve aujourd'hui plus de partisans que le déterminisme. Haeckel fait de la première loi de la thermodynamique (conservation de l'énergie) l'une des pierres angulaires de sa philosophie, mais se soucie peu de la seconde (dégradation de l'énergie). La pensée moderne considère la deuxième loi comme plus importante que la première. [11]

Et que dire de la « loi de substance », qui est la contribution de Haeckel aux principes fondamentaux et qu'il considère apparemment comme d'une importance égale aux découvertes de Lavoisier et de Mayer ? [12] Pour ma part, la raison pour laquelle je ne peux pas l'accepter est que cela n'a absolument aucun sens pour moi. Nous savons ce que signifie la loi de la conservation de la matière. Cela signifie, entre autres, que 12 livres de carbone lorsqu'ils sont brûlés produisent 44 livres de dioxyde de carbone , que nous pouvons décomposer et récupérer 12 livres de carbone. La loi de la conservation de l'énergie signifie, entre autres, que lorsque nous brûlons 12 livres de carbone , nous produisons 135 305 600 pieds-livres d'énergie. Mais qu'est-ce que cela signifie lorsque nous disons que la matière et l'énergie, ou le corps et l'esprit, sont en quelque sorte la même substance ? En avons-nous dit plus que lorsque nous avons affirmé séparément les deux lois ? Même si c'est vrai, est-ce que cela fait une petite différence pour quelqu'un ou quelque chose ? ou, pour présenter la question sous une forme pragmatique, peut-elle être vraie si elle ne fait aucune différence pour qui que ce soit ou pour quoi que ce soit ? Mais nous devons garder à l'esprit que l'application rigide de cette formule à de nombreuses tentatives historiques visant à résoudre « l'énigme de l'univers » en laisserait moins intactes que dans le cas de Haeckel.

Le lecteur chrétien est susceptible, dans son irritation face à ce qui lui semble être une déformation volontaire de ses croyances, d'être trop radical dans sa condamnation des idées de Haeckel. Même en matière de religion, Haeckel est loin d'être aussi hérétique qu'il le prétend ou qu'il est présumé l'être. Beaucoup des choses qu'il attaque sont des caricatures presque méconnaissables des opinions religieuses modernes. Il faut rappeler que "l'Énigme" et les "Merveilles" ont été écrites à une époque où il voyait le gouvernement allemand passer sous la domination du Bloc Bleu-Noir, et où il lui semblait que cette coalition de conservateurs et de religieux menaçait supprimer la liberté d'expression et freiner les progrès de la science. Dans ses écrits antérieurs, ses opinions sont exprimées dans un langage beaucoup plus conciliant. En effet, son panthéisme se distingue parfois à peine des théories de l'immanence divine telles que celles qui sont aujourd'hui très répandues dans les églises orthodoxes. Où réside la magie du mot « monisme », sinon dans notre préjugé enraciné en faveur de l'unité, hérité du monothéisme farouche des Juifs ? Haeckel n'emprunte-t-il pas alors les tonnerres du Sinaï pour imposer sa nouvelle religion ?

Sa « Morphologie générale » de 1866, qu'il préfère, comme il me l'a dit, à ses œuvres ultérieures comme expression de sa philosophie, se termine par le passage suivant :

Notre philosophie ne connaît qu'un seul Dieu, et ce Dieu Tout-Puissant domine toute la nature sans exception. Nous voyons son activité dans tous les phénomènes sans exception. L'ensemble du monde inorganique lui est soumis tout autant que le monde organique. Si un corps tombe de quinze pieds dans la première seconde dans le vide, si trois atomes d'oxygène s'unissent à un atome de soufre pour former de l'acide sulfurique , si l'angle que forment les surfaces contiguës d'une colonne de cristal de roche est toujours de 120 °, ces phénomènes sont tout aussi véritablement l'action directe de Dieu que la floraison de la plante, le mouvement de l'animal, ou la pensée de l'homme. Nous existons tous « par la grâce de Dieu », la pierre comme l'eau, le radiolaire comme le pin, le gorille comme l'empereur de Chine. Aucune autre conception de Dieu, sauf celle qui voit son esprit et sa force dans tous les phénomènes naturels, n'est digne de sa grandeur universelle ; ce n'est que lorsque nous faisons remonter toutes les forces et tous les mouvements, toutes les formes et propriétés de la matière à Dieu, en tant que soutien de toutes choses, que nous parvenons à l'idée humaine et au respect pour lui qui correspondent réellement à sa grandeur infinie. En lui nous vivons, nous bougeons et avons notre être. Ainsi la philosophie naturelle devient une théologie. Le culte de la nature se transforme en ce service de Dieu dont Goethe dit : « Assurément, il n'y a pas de respect plus noble pour Dieu que celui qui surgit dans notre cœur pour converser avec la nature. » Dieu est tout-puissant : il est l'unique soutien et cause de toutes choses. En d'autres termes, Dieu est la loi universelle de causalité. Dieu est absolument parfait ; il ne peut agir que d'une manière parfaitement bonne ; il ne peut donc pas agir arbitrairement ou librement : Dieu est nécessité. Dieu est la somme de toutes les forces, et donc de toute la matière. Toute conception de Dieu qui le sépare de la matière, et lui oppose une somme de forces qui ne sont pas de nature divine, conduit à l'amphithéisme (ou dithéisme) puis au polythéisme. En montrant l'unité de la nature entière, le monisme souligne qu'un seul Dieu existe et que ce Dieu se révèle dans tous les phénomènes de la nature. En fondant tous les phénomènes de nature organique ou inorganique sur la loi universelle de causalité et en les présentant comme le résultat de « causes efficientes », le monisme prouve que Dieu est la cause nécessaire de toutes choses et la loi elle-même. En ne reconnaissant dans la nature que des forces divines, en proclamant divines toutes les lois naturelles, le monisme s'élève à la conception la plus grande et la plus élevée dont l'homme, la plus parfaite de toutes choses, soit capable, la conception de l'unité de Dieu et de la nature. .

COMMENT LIRE HAECKEL

"L'énigme de l'univers" (Harper) est la meilleure présentation populaire de la science et de la philosophie du point de vue de Haeckel. A cela peut être complété "Les merveilles de la vie" (Harper), dans lequel il développe plus complètement le côté biologique et se défend contre certaines critiques. A cela il faut ajouter la très intéressante vie de Haeckel de W. Bölsche (Jacobs). Des éditions bon marché de ces trois ouvrages sont publiées par la Rationalist Press Association de Londres. Eux, ainsi que d'autres œuvres de Haeckel, sont traduits par Joseph McCabe.

"L'histoire naturelle de la création" (Appleton) et "L'évolution de l'homme" (Appleton ou Putnam) ont tous deux pour but d'expliquer d'une manière compréhensible pour le grand public les principes fondamentaux de la théorie de l'évolution et les faits biologiques sur lesquels elle repose. est basé. Les discours spéciaux de Haeckel sont traduits sous les titres : « Monism as Connecting Religion and Science » (Macmillan) et « Last Words on Evolution » (New York). De son " Indische Reisebilder ", il existe deux versions en anglais : une de Mme SE Boggs intitulée "India and Ceylon", qui n'est ni littérale ni complète, et une de Clara Bell, "A Visit to Ceylon" (Eckler), qui est meilleure. le côté personnel peut être lu dans les croquis d'Herman Schauffauer , "Haeckel, a Colossus of Science" (*North American Review* , août 1910) et "A Talk with Haeckel at Home", dans *TP's Magazine* , 1912 ; dans "Little Journeys to Home" d'Elbert Hubbard. the Homes of Great Scientists", et "A Scientist's Sunset Years" de Joseph McCabe, dans *Harper's Weekly,* 7 août 1909. Quelques-uns des livres et articles les plus remarquables sur l'haeckelisme en anglais sont : "Life and Matter", de Sir Oliver Lodge, une critique du point de vue d'un spiritualiste ; la discussion entre Lodge et McCabe dans *Hibbert Journal* , vol. III, pp. 315 et 741 ; "The World View of a Scientist", par Frank Thilly dans *Popular Science Monthly,* Vol. LXI, pp. 407-425 : "Ernst Haeckel, Darwinist, Monist", par VL Kellogg, dans *Popular Science Monthly* , *Vol.* LXXVI, p. 136-142 ; « Haeckel and Monism », par J. Butler Burke, dans *Oxford and Cambridge Review* , 1907 ; "Lucretius et Haeckel", par FBR Hellems , dans "University of Colorado Studies", Vol. Malade, 1905 ; "La religion comme doctrine crédible", par WH Mallock ; « Le faux monisme de Haeckel », par le révérend F. Ballard ; « La vieille énigme et la nouvelle réponse », par le Père Gérard ; « Réponses aux critiques de Haeckel », par Joseph McCabe (Londres : Rationalist Press) ; « La réponse de Haeckel aux jésuites » (New York : *Truthseeker*) ; "Haeckel and His Methods", par RL Mangan, dans le *Catholic World* , mai 1909. Le monisme du docteur Paul

Cams, de Chicago, est une variété différente de celui de Haeckel comme il l'a souligné dans le Monist, Vol. II, p. 498 ; Vol. IV, p. 228 ; et Vol. XVI, p. 120.

De l'immense corpus de littérature allemande sur Haeckel, il est impossible de citer plus que quelques titres choisis. La bibliographie annexée à "Ernst Haeckel: Versuch un Chronik seines Lebens und Wirkens " de Walther May (Leipzig : Barth, 1909) consacre quatorze pages aux titres des écrits de Haeckel, quatre pages à une liste de livres biographiques et de croquis, et treize pages à une liste de critiques et de discussions sur le haeckelisme .

"Die Welträtsel " et "Die Lebenswunder " sont publiés par Alfred Kröner , Leipzig. Le résumé de la philosophie de Haeckel, qui est donné presque intégralement dans les pages précédentes, se trouve dans "Der Monistenbund ", *Thesen zur Organisation des Monismus* (Neuer Frankfurter Verlag). D'autres ouvrages de Haeckel à caractère général et philosophique sont : " Natürliche Schöpfungs-Geschichte " (Berlin : Reimer); " Oder anthropique Entwickelungsgeschichte des Menschens " (Leipzig : Engelmann); " Generalle Morphologie des Organismes " (Reimer); " Systematische Phylogénie " (Reimer); "Der Kampf um den Entwickelungs-Gedanken " (Reimer); "Der Monismus comme Band zwischen Religion und Wissenschaft " (Kröner); " Freie Wissenschaft et libre Lehre ", la réponse à Virchow (Kröner); " Das Weltbild von Darwin und Lamarck ", le discours du centenaire à l'occasion de l'anniversaire de Darwin (Kröner).

Les croquis de voyage de Haeckel se trouvent dans " Indische Reisebriefe " (Berlin : Paetel) et " Aus Insulinde " (Kröner). Même celui qui ne lit pas l'allemand trouvera du plaisir et appréciera le côté artistique de Haeckel en parcourant les planches en couleurs dans " Kunstformen der Natur " (Leipzig : Bibliographisches Institut) ou " Wanderbilder " (Gera : Köhler).

Un hommage remarquable à l'affection mondiale est le volume publié à l'occasion de son quatre-vingtième anniversaire, "Was wir Ernst Haeckel verdanken " (Leipzig : Verlag Unesma), auquel ont contribué cent vingt-cinq hommes et femmes , savants, artistes, ouvriers. , fonctionnaires et hommes d'affaires.

Le mouvement moniste peut être suivi par les brochures de société que l'on peut se procurer ordinairement auprès du Verlag Unesma , Leipzig. Certains des *Flugschriften les plus intéressants* sont : "Friedrich Paulsen über Ernst Haeckel", d'Albrecht Rau ; "Reinke contre Haeckel", de Heinrich Schmidt ; "Une nouvelle Réforme vom Christophe zum Monismus ", de Hannah Dorsch et Arnold Dodel ; " Monismus und Christentum ", de Heinrich Schmidt ; " Monismus und Klerikalismus ", de J. Unold ; " Das Einheit der physikochemischen Wissenschaften ", de Wilhelm Ostwald ; "Die einheitliche Weltanschauung", d'Ernst Diesing : ce dernier exhorte les monistes à soutenir les mouvements de paix et de conservation. L'organe officiel est *Das monistische Jahrhundert* , un hebdomadaire édité par Ostwald et publié par le Verlag Unesma , Leipzig. Le numéro du 14 février 1914 est, en l'honneur de son quatre-vingtième anniversaire, consacré à Haeckel. Pour l'histoire de la philosophie moniste en général depuis les Grecs jusqu'à nos jours, voir "Der Monismus ", de divers auteurs, sous la direction d'Arthur Drews (Jena : Diederich , 1908) ou " Geschichte des Monismus ", de Rudolf Eisler (Leipzig : Couronne).

Parmi la littérature explicative et controversée, pour et contre, il suffit de mentionner les titres suivants : « Die Weltanschauung Haeckel », de Max Upel (Berlin-Schoenberg ; Buchverlag der Hilfe), une critique brève et impartiale ; "Ernst Haeckel, ein Bild seines Lebens und seiner Arbeit", de Wilhelm Breitenbach (Brackwede je . W. : Verlag von Breitenbach & Hoerster), un hommage au maître à l'occasion de son soixante-dixième anniversaire ; " Le Welträthsel de Haeckel ensuite je suis starken et je suis Schwechen Seite ", de Julius Baumann (Leipzig : Diederich , 1900) ; "Anti-Haeckel", de F. Loofs , professeur de théologie à Halle ; "Philosophia Militans " de F. Paulsen, professeur de philosophie à Berlin. Un bon compte rendu de la controverse Haeckel-Paulsen de Theodor Lorenz peut être trouvée dans *la Deutsche Literaturzeitung* du 12 mars 1910 et plus tard.

[1] Un de mes amis de premier cycle à qui j'ai référé ces versets pour traduction dans la langue vernaculaire du campus me donne cette version :

Qui connaît la vérité et ne parle pas
C'est vraiment un voyou désolé ! Qui connaît la vérité et parle trop
librement À Berlin, il monte dans le calaboose !

[2] Cela *ne doit pas* être traduit, comme j'ai entendu un jour un étudiant le dire, par "la présentation unilatérale de l'univers par Haeckel".

[3] " Alors zur Organisation du Monisme."

[4] "L'énigme de l'univers", p. 363.

[5] « Merveilles de la vie », p. 430.

[6] *Ibid.* , p. 248.

[7] "Merveilles de la vie", pp. 115 et 119.

[8] Le président Thomas, du Middlebury College, a exposé la source de sa théorie selon laquelle le père du Christ était un officier romain nommé Pandera dans *The Independent* , Vol. 64, p. 515.

[9] Certains de ces passages les plus offensants sont modifiés ou éliminés dans les éditions ultérieures de "Die Welträtsel ".

[10] Une autre méduse également nommée en l'honneur de sa femme, Demomema Annasethe , se trouve sur l'une des planches en couleurs de la New International Encyclopedia (Vol. XII, p. 68).

[11] J'ai tenté d'expliquer la signification de ce changement d'accent dans sa portée sur les idées métaphysiques, religieuses et éthiques dans le chapitre précédent.

[12] Voir le numéro 20 des trente thèses données ci-dessus.